Das Buch

Heinrich Bölls Sympathie gehört denen, die mit ihrem Husten die Harmonie stören, den ehrlichen Außenseitern unserer Gesellschaft wie dem Helden der Titelgeschichte, der trotz drohenden Berufsverbots weiterhin Exil-Chilenen besucht und ihnen in selbstverständlicher Weise hilft. »Böll nimmt in dieser Geschichte die parteiliche Haltung des Sympathisanten mit den modernen Parias unserer Gesellschaft, den Vertriebenen, den Flüchtlingen, den politisch Unangepaßten, ein, eine Haltung, die ihn schon sehr oft ins Feld von Ärgernissen und Mißverständnissen gebracht hat. Was es mit Heidelberg und dem zu oft Dahinfahren wirklich auf sich hat, bleibt so vage, wie ein denunziatorisches Gerücht sein muß, um tatsächlich schaden zu können«, kommentierte Robert Stauffer im Saarländischen Rundfunk. Die insgesamt achtzehn Kurzgeschichten aus den Jahren 1947 bis 1979 stellen einen kleinen Querschnitt aus Heinrich Bölls erzählerischem Schaffen dar. Immer wiederkehrendes Thema ist der einzelne, der wirtschaftlichen, gesellschaftlichen und politischen Gegebenheiten ausgeliefert ist und dessen Entscheidungsfreiheit, sofern er überhaupt eine hat, ständig weiter eingeschränkt wird.

Der Autor

Heinrich Böll, am 21. Dezember 1917 in Köln geboren, war nach dem Abitur Lehrling im Buchhandel. Im Krieg sechs Jahre Soldat. Danach Studium der Germanistik. Seit 1949 veröffentlichte er Erzählungen, Romane, Hör- und Fernsehspiele, Theaterstücke und war auch als Übersetzer aus dem Englischen tätig. 1972 erhielt Böll den Nobelpreis für Literatur. Er starb am 16. Juli 1985 in Hürtgenwald.

D0188675

Von Heinrich Böll
sind im Deutschen Taschenbuch Verlag erschienen:

Zusammen mit Klaus Staeck:
Zusammen mit Lew Kopelew:
Zusammen mit Lew Kopelew und Heinrich Vormweg:

Über Heinrich Böll:

Heinrich Böll:
Du fährst zu oft nach Heidelberg
und andere Erzählungen

Deutscher
Taschenbuch
Verlag

Ungekürzte Ausgabe
1. Auflage Dezember 1981
4. Auflage September 1985: 66. bis 75. Tausend
Deutscher Taschenbuch Verlag GmbH & Co. KG,
München
© 1979 Lamuv Verlag GmbH, Bornheim-Merten
ISBN 3-921521-07-6
Umschlaggestaltung: Celestino Piatti
Gesamtherstellung: C. H. Beck'sche Buchdruckerei,
Nördlingen
Printed in Germany · ISBN 3-423-01725-2

Inhalt

Nachdem die Kompanie vom Kasernenhof abgerückt war, eilte Renatus noch einmal auf die Stube, um, wie es die Vorschrift zu seinem Dienst verlangte, den weißen Drillich anzuziehen.

Die Stille der Flure erschreckte ihn. Mitten am Tage des gewohnten Lebens entblößt, zeigte die Kaserne ein fremdes Gesicht. Der Boden schien zu erschrecken unter dem Schritt der genagelten Stiefel. Alles schien lautlos zu schreien: »Ich bin tot!« Und als ginge er wirklich durch eine *Gruft*, trat Renatus unwillkürlich leiser auf. Aber hier war nichts, was vom Geiste sprach. Öde war es und leer. Und arm – nicht einmal der Schmerz der Vielen, die hier geschwitzt und geblutet und gestöhnt hatten unter der Last des »Dienstes«, hatte eine Art genius loci zu schaffen vermocht. Auf seiner Stube wechselte Renatus mit der Hast eines Diebes seinen Rock und rannte zurück. Es war wie eine Erlösung, als er den untersten Flur erreichte und Stimmen aus der Schreibstube hörte.

Auf der roten, glatten Fläche des Kasernenhofes waren inzwischen andere Kompanien zum sogenannten »Ordnungsdienst« angetreten. Der Dienst der Ordnung bestand darin, daß stundenlang gewisse vorgeschriebene Bewegungen mit Händen und Füßen ausgeführt wurden, jede eine Stufe zu dem Tempel, den die Beherrscher all dieser Manipulationen als »zackige« Soldaten gekrönt betreten durften. Welch eine Fülle menschlicher Kraft und Geschicklichkeit, welch eine Masse solidester Stimmbänder wurde bei dieser Beschäftigung verschlissen! Wie schrecklich diese religiöse Inbrunst, die dem Gewehr galt! Auf welch unwürdige Weise waren hier Askese, Buße und das Erleiden von Strapazen in den Dienst einer Hierarchie des Stumpfsinns gestellt.

Der ganze Hof war mit säuberlich aufgestellten Gruppen

besetzt, die sich in einer gewissen Reihenfolge wie am Schnürchen bewegten. Durch einen *Pfiff* des jeweils zuständigen Untergottes wurde die nächste Übung für die nächsten zehn Minuten festgelegt. Die Menschen waren wie Puppen, die sich an irgendeinem Strang des Gehorsams bewegten, einem Strang, der in irgendeinem geistlosen Gehirn endete. Das Denken war den Pferden überlassen!

Auf dem Weg über den dichtbesetzten Kasernenhof mußte Renatus jede Litze, jedes Achselstück grüßen und der ganze lange Weg von Hunderten von Metern war ein einziges Heben und Herabschnellenlassen der rechten Hand, die mit einem unnatürlichen Ruck in einem bestimmten Winkel zum Kopf geführt werden mußte – mit einer Bewegung, die, absolut gesehen, nichts anderes ist als eine ausgesprochene menschliche *Verhöhnung*. Und bei jeder Bewegung die tief eingefressene Rekrutenfurcht, ob dieser sogenannte Gruß auch mit der Exaktheit ausgeführt wurde, welche die unbarmherzigen Götter im Tempel des Stumpfsinns verlangten.

Aus der großen Exerzierhalle, die quer zum Hof lag, wie ein Riesenschlachthaus, sauber und glatt, drang der schauervolle Gesang einer ganzen Kompanie, die das sogenannte Singen übte. Eine seichte Melodie, mit dem Mischmasch eines faden Textes gefüllt, stieß, von zweihundert lautstarken Stimmen getragen, wie eine mörderische Brandung in die Luft.

Aber lächelnd, lächelnd wölbte sich der sanfte Frühlingshimmel über der Kaserne.

Renatus erreichte die Tür zum Kasino wie einen rettenden Hafen. Er verhielt zuerst im Flur, gegen die Wand gestützt, und stieg dann langsam die Treppe hinauf. Langsam ging er auch den langen Gang hinab, der zum Speisesaal führte. Eine gewisse hochmütige und doch hilflose Eleganz herrschte hier: Die Vertäfelung war gediegen und kostbar, aber zu steif, fast spröde; an den Wänden die unvermeidlichen Bilder von Heerführern, so wie sie in allen Kasinos des Reiches im selben Flur an derselben Stelle hingen. Selbst die lasterhaft wirkenden schweren roten Vorhänge waren wie Uniformen; nicht einmal in den Sünden schien hier eine Ausflucht aus der starren, leeren Form gegeben, der alles, alles diente . . .

Über den müden, grauen Gestalten, die in ihren Erdlöchern hockten, stieg mit seiner unbarmherzigen Rosigkeit, zärtlich und lächelnd, der Tag auf; erst huschten wie tastend einige Lichter über den Horizont, dann quoll es unaufhaltsam auf, rötlich und hell, als werde es mit vollen Händen ausgestreut, bis der ganze Ball der Sonne frei über der fernen Linie jenseits des Flusses schwebte ...

Sie duckten sich fröstelnd in den frisch aufgeworfenen Gruben und schüttelten mit schaudernden Schultern die Last der Nacht von sich ... immer wieder ... aber ihre Schultern wurden nicht frei; es war ein vergebliches Spiel, ein sinnloses, törichtes Unterfangen. Wer hätte die Last von ihren Schultern nehmen können? Mit verzagten Augen blickten sie in der sich ausbreitenden Helligkeit um sich, um die Stellung zu besichtigen, die sie in der Nacht erst bezogen hatten. Sie lagen auf einem kleinen Kamm vor einer Geländewelle, die nach Osten jäh wieder anstieg bis zu den dunklen, feindlichen Wäldern, die das Steilufer des Flusses umsäumten. Hinter ihnen spärliche Büsche, ein von Panzern zerwühltes Sonnenblumenfeld, und wieder ein Wald, ein hellerer, grüner Wald; aber es war ja so gleichgültig: Erde blieb Erde und Krieg blieb Krieg.

Am Tage vorher waren sie viele Kilometer weit durch die sengende Glut marschiert; umwirbelt von Staubwolken, die von den zerpulverten trockenen Äckern und Wegen aufgestiegen. Erschöpft waren sie im Dunkeln in diese sogenannte Bereitstellung getaumelt, hatten mit ihren letzten Kräften – ach, wieviel letzte Kräfte hatten sie! – ihre Erdlöcher mühevoll in den Boden gewühlt, und hatten sich schlaflos, schlotternd und schweißnaß, durstig, mit schrecklichen Wunschträumen nach Wasser und Wärme, durch den finsteren Berg der langen Nacht gekämpft.

Die gleichgültige Starre der grauen Gestalten belebte sich mit einer gespenstischen Schnelligkeit, als plötzlich jemand mit einem ganzen Kochgeschirr voll Wasser auftauchte und mit einem triumphierenden Lächeln in die Richtung wies, woher er es geholt. »Es ist ein wenig schmutzig«, sagte er wie entschuldigend, immer noch lächelnd. Es war ein blasser Bursche, hilflos und verschmiert. Eine wilde Meute stob mit klappernden Kochgeschirren davon. Ein Melder huschte von Loch zu Loch und sagte hastig: »Uhrzeit vier Uhr fünfundvierzig. Angriff fünf Uhr fünfzehn.« Aber die Gedanken aller Zurückgebliebenen kreisten nur um die Kochgeschirre voll schmutzigen Wassers, die sie an den Mund setzen und trinken würden . . . trinken . . . trinken. Sie rissen den Zurückkommenden die Näpfe aus den Händen und setzten das kalte Blech an die zuckenden Lippen. Aber der unsagbar köstliche, elementare Genuß des Trinkens währte nach der stundenlangen Qual des Durstes nur wenige Sekunden; die leeren Mägen nahmen die lauwarme, schmutzige Brühe nur widerwillig auf. Ein ekelhaftes Aufstoßen, das scheußliche Gefühl, sich noch mehr beschmutzt zu haben, und es blieb nichts als das gräßliche Bewußtsein, mit einem Magen voll kalten, dreckigen Wassers in den Angriff zu laufen.

Kurz vor fünf ging der blasse Leutnant an den Löchern vorbei, erklärte noch einmal das Vorhaben, versuchte ein paar tröstende Worte auszustreuen, schreckte aber vor der starren Gleichgültigkeit der Männer zurück. Als das vorbereitende Feuer der Artillerie einsetzte, duckte er sich unwillkürlich und sprang dann, da die Lage unmittelbar vor die Stellung ging, mit ärgerlichem Gesicht in das zunächst liegende Loch und rief laut nach rechts: »Lassen Sie durchsagen – Bauer soll Grün schießen . . . die schießen uns selbst noch mit ihren paar Granaten kaputt.« Aber die nächste Lage ging schon weiter nach vorne, auch sinnlos, ins feindliche Gelände. Dann wälzte sich das kümmerliche Feuer bis zum Wald, schlug splitternd in die Bäume, und man hörte, wie es mit fernerem Grollen in das breite Flußtal krachte.

Der Leutnant blickte in dem Loch um sich; seine Augen glitten von dem kühlen Gesicht eines älteren Soldaten verwirrt ab und trafen auf einen Kleinen, der sich in hilfloser Angst vor dem eigenen Feuer flach an den Boden der Grube drückte. Man sah die zitternden Schultern, die Hände wie zum Gebet vorne auf der Brust. Der Leutnant packte ihn mit einem gequälten Lächeln am Arm, zog ihn hoch und sagte lachend: »Komm, Junge . . ., das ist nicht gefährlich . . . das ist unsere eigene Vorbereitung für den Angriff.« Und er erklärte ihm mit ein paar Worten die simple Technik eines Angriffs. Der junge Soldat, ein rundköpfiger, fast noch rotwangiger Bauernjunge, mit borstigem, braunem Haar, blickte gläubig in das schmerzlich verzogene Gesicht des Offiziers, setzte die heruntergerutschte Mütze auf und wandte sich gehorsam zum Feind. Aber bei jedem neuen Feuerschlag zuckte er ängstlich zusammen.

Unwillkürlich blickte der Offizier nun auf die Zigarette des älteren Soldaten und zog schnuppernd den so geliebten Geruch des Tabaks ein; das gleichgültige und kalte Gesicht des bärtigen, schmalen Soldaten verzog sich zu einem merkwürdigen, halb spöttischen, halb mitleidigen Lächeln: »Wollen Sie eine? Da!« Er hielt die ganze Schachtel hin, packte dann, als habe er sich plötzlich entschlossen, mehrere Schachteln aus der Tasche und sagte gleichmütig: »Lassen Sie jedem eine geben!« Der junge Offizier konnte das Zittern seiner Hände nicht zurückhalten, als er seine Zigarette an der Glut des anderen entzündete. Er sog mit wildem, fast sehnsüchtigem Behagen den Rauch tief, tief ein. Dann stammelte er verlegen »Danke« und fragte stockend: »Mensch, woher haben Sie die . . .?«

»Geklaut«, sagte der Soldat lakonisch. »Woher sonst? Von den Panzern, diese Nacht.« Der Leutnant blickte sich plötzlich erschreckt um und murmelte: »Wo bleiben überhaupt die Panzer? – es ist fünf Uhr drei . . .« Dann rief er wieder

zum nächsten Loch, lauter: »Bauer soll kommen . . . sofort
. . . es gibt für jeden eine Zigarette!«

In der verlegenen Pause murmelte die schwache Artillerie
mit regelmäßigem Kauen über sie hinweg. Fremd und seltsam grell krepierten die Granaten jenseits des Waldes, dort,
wo der Fluß sein mußte . . . der Fluß, den sie mindestens
erreichen, wenn möglich überschreiten sollten. Aber es war
kein Mensch in der ganzen Division, einschließlich des Ge-
nerals, der glaubte, daß sie ihn überhaupt zu sehen bekämen.

Der Soldat schnippte die Glut von seiner Zigarette, barg
den Rest sorgfältig in seiner Tasche und fragte dann höhnisch: »Haben Sie wirklich geglaubt, die Panzer würden uns
unterstützen?« Das junge Gesicht des Leutnants veränderte
sich in einer heftigen Angst, die wie eine Maske der Starrheit
über das noch kindliche Gesicht fiel.

Er starrte den Soldaten an, murmelte verloren: »Ja!« Dann
sprang er aus dem Loch und rief noch im Wegrennen: »Mal
sehen . . .« Es war fünf Uhr und fünf Minuten.

Das Feuer steigerte sich ein wenig, schwoll drohender und
gefährlicher an und schlug dann mit glühenden Fäusten wieder vorne in den Wald. Der Soldat wandte sich zu dem
immer noch zitternden Kleinen, faßte ihn ruhig an der
Schulter und sagte fast liebevoll »So, nun wollen wir uns mal
fertig machen . . .«

Er schnallte ruhig das Koppel um, an dem nur der pralle
Brotbeutel hing, nestelte den blinkenden Orden los, steckte
ihn in die Tasche, dann rückte er seine Mütze zurecht. Der
Kleine hatte das ganze Gerät der Infanterie vor sich auf der
Brüstung liegen: Gasmaske, Panzerfaust, einen Munitions-
kasten, Handgranaten, das Sturmgepäck, den Spaten, eine
Tuchhülle, die Flaggen enthielt, das Koppel mit schweren
Patronentaschen und dem Brotbeutel; und er fing nun an,
mit bebenden Händen den ganzen Krempel aufzuladen . . .
bebend, denn immer drohender schwoll das Feuer nun wirklich wie eine Walze gegen den Fluß.

Die Sonne war schon hochgestiegen, sie schwamm schon

im eigenen Licht, warm und hell floß es über die dunkle Erde. Die Soldaten, kaum erwacht aus der kalten Umarmung der Mainacht, fürchteten schon wieder die langsam steigende Wärme, die heiß, heiß, mit dem Staub vermengt ebenso grausam sein würde wie die Kälte der Nacht.

Paul, der schmale Soldat, packte plötzlich, das Gesicht von einer blinden Wut verzerrt, das ganze Gerät des Kleinen, alles bis aufs Gewehr, und schleuderte es nach rückwärts den sanften Abhang hinunter. Er hielt erschöpft inne, holte tief Atem und zündete eine neue Zigarette an. Sein zitterndes Gesicht beruhigte sich allmählich, er klopfte dem erschreckten, entsetzten Kleinen beruhigend auf die Schulter und sagte heiser: »So, das brauchst du alles nicht ... ist schon manch einer gefallen, weil er wegen dieses ganzen Krempels nicht schnell genug zurücklaufen konnte ... sei ruhig!« Der Kleine blickte verstört seinem Gerät nach und wollte den Mund öffnen: »Herr ... Ober ...« Aber Paul machte ihn mit einem energischen Kopfschütteln verstummen.

Der Lärm der Artillerie erlosch plötzlich, und eine halbe Sekunde lang schwebte eine grauenhafte Stille über den Linien, dann aber erhob sich hilflos und seltsam kreischend die helle Stimme des Leutnants, die sich mit gröberen Stimmen von rechts und links vereinte: »Auf! Marsch, Marsch!« Die spitze Stimme stieg wie ein dünner Vogel in die Höhe, zerriß die lähmende Stille. Und die grauen Gestalten sprangen aus ihren Löchern und sahen nun rechts und links die unabsehbare Kette der Division wie eine Schlange, die sich quer wälzt – dem stummen, feindseligen Wald entgegen.

Der Leutnant ging mit großen, nervösen Schritten an der Spitze und blickte unruhig, ob die Kette nach rechts und links angeschlossen war. Der Hang zog sie fast hinunter; sie erreichten die Sohle der Mulde. Paul hielt sich in der Nähe des Kleinen, der sein Gewehr verstört von einer Hand in die andere wechselte und sich nervös bemühte, die vorschriftsmäßigen Abstände zu halten. Nur wenige hörten das leise, knackende Geräusch der Abschüsse. Paul warf sich plötzlich, den Kleinen, der harmlos voranrannte, nachzerrend, zu Boden . . . und dann rasselte der eiserne Vorhang eines irrsinnigen Feuers vor ihnen nieder in die aufwirbelnde Erde. Und nun wühlte sich Wurf auf Wurf in die verstörte Reihe; mit einer grinsenden Wollust brachen die Granaten, kaum durch ein sanftes Summen hörbar, wie eine reißende Mauer in die Erde: vor ihnen, hinter ihnen und mitten hinein in die erstarrte Kette der grauen Leiber. Jaulend und pfeifend und brüllend und krachend öffnete das grausame Schweigen seinen abscheulichen Rachen und spie das Verderben aus. In die kleinen Pausen hinein schrie die arme Stimme des Leutnants: »MG. hierher . . . das MG. . . .« Einer erhob sich plötzlich mit einem starren, schrecklichen Schrei und lief, die Glieder bewegend wie eine aufgezogene Puppe, in irrsinniger Schnelligkeit gegen den Wald; er verschwand wie in einem Abgrund.

Der erste Schock entschied über den Verlauf des Angriffs. Noch wäre es Zeit gewesen, in einem Sprung sinnlos, aber tapfer durch den Vorhang zu stürmen; aber die Sekunde der Entscheidung war schon vorbei; die Lähmung der Angst war vollzogen, und die grauen Leiber lagen auf der Schlachtbank ausgestreckt; das Geschrei der Verwundeten brach gräßlich und unablässig durch die Pausen hindurch.

Paul hatte den Kleinen fest an sich gezogen, als könne er durch die Nähe seines Leibes dieses hilflose, wimmernde Bündel beruhigen. Er hatte ihn in einen der seltsam flachen, harmlos aussehenden Trichter gezerrt.

Und wieder fiel die Stille wie ein Würgeengel über die Liegenden. Sie türmte sich über ihnen auf wie ein Gebirge aus Blei und Grauen. Selbst die Verwundeten schwiegen eine Weile. Und wieder brach das schrille »Auf! – Marsch, Marsch!« des Leutnants auf. Er sprang hoch, lief einige Schritte und brach dann, hilflos mit den Armen wirbelnd, zusammen.

Aus dem Walde wälzten sich mit dunklem Brummen Panzer vorwärts. Lähmung löste sich. Die Überlebenden erhoben sich mit wildem Geschrei und rasten gegen den Hügel zurück, schreiende Verwundete mit sich schleppend.

Paul rüttelt den Kleinen, aber der rührte sich nicht mehr: kein Splitter und kein Geschoß hatte ihn erreicht; sein Kinderherz war von der Angst erdrosselt worden ... und noch im Tode bebte es – leise, leise wie der Wind, der morgens in den Bäumen vor seines Vaters Haus gespielt hatte.

Als Paul schließlich, fast wider seinen Willen, floh vor den anrollenden Ungeheuern, mußte er sich immer wieder umwenden und hinabblicken auf den grauen Körper des Kleinen, der unten im Tale lag, still und ruhig. Und er wußte es selber nicht, daß er heulte – einfach losheulte, obwohl er schon so viele Tote gesehen hatte.

Ihr blasses Gesicht sah hinter der beschlagenen Scheibe
wächsern aus; die Regentropfen, die am Glase klebten,
schienen zu ihrem Gesicht zu gehören: Schweißperlen oder
Tränen, die langsam nach unten sanken, breite, blanke Rillen
grabend, die sich manchmal in Kurven vereinigten und dicke
Tropfen fallen ließen, die auf ihre Hände stürzten. Die un-
sichtbare Windquelle, die die Luftschlangen tanzen ließ, ergriff auch ihr Haar, erhob es wie ein zu schweres Segel, das
immer wieder stürzte. Unten rafften die müden, betropften
Hände Masken und Scherzpistolen zusammen, pralle Knall-
körper aus buntem Papier, die zu platzen schienen wie zu
volle Bäuche; sie nahmen größere Pappefratzen von aufge-
spannten Drähten, lachende, weinende große gelbe und rote
Fratzen, die leise im Wind des unsichtbaren Ventilators
schaukelten . . .

Im Dunkel der geöffneten Fensterklappe tauchten immer
zwei dicke, breite und behaarte Männerhände auf, die den
Krempel entgegennahmen und nach hinten weglegten.

Die Straße war leer. Hinter den grauen Häuserfronten
schien alles tot zu sein. Vor einem Fenster hing ein Luftballon, ein rötlicher, zerkrüngelter Gummilappen, dessen Gas
nicht mehr ausreichte, ihn zu halten: schlapp hing er nach
unten, mit einer schmutzigen Schnur an die grüne Umgitterung einer Fensterbank befestigt; neben dem Miniaturpfahl,
der ihn hielt, stand eine Milchflasche, dahinter ein Glas mit
Gurken, mattgrün wie die Gitterstäbe der Umzäunung.

Von einer verlassenen Betonmaschine zog sich eine breite,
zertretene Dreckspur über das holprige Pflaster, und aus
dem Ofenrohr der Zigarettenbude kam Qualm: bläulich-
schwarze Schwaden, die gleich oberhalb des Kamins vom
Regen in die Breite gedrückt wurden.

Im Schaufenster über dem bläulichen Kleid der Frau, genau oberhalb ihres blonden, grünlich schimmernden Haares, sah er auch sich selbst: sein Kinn lag auf der schwarzen, harten Kante, die den Schaukasten abschloß, und im muffigen Dunkel des Ladens stand dieses Oval einsam und undeutlich, weißlichgrün wie eine vergessene Maske mit dunklen Augenhöhlen, totem Haar, aus einer Seegrasmatratze gezupft und aufgeklebt. Das einzig lebendige war der sehr hellgraue deutliche Qualm seiner Zigarette, der aus der dunklen Höhlung des Mundes stieg, sich in heiteren Spiralen nach oben drehte und in der dichten Dunkelheit an der Decke verflüchtigte.

Genau in den breiten, behaarten Händen tauchte jetzt plötzlich ein kleiner, ovaler Schädel auf, ganz blaß mit scharfen Linien von Mund, Nase, Augen – wie ein hart bemaltes Ei, das eine rötliche Mütze trug, dann wurde es von einer Ladung Luftschlangen verdeckt, die die Frau in die geöffneten Hände legte.

Er blickte nach rechts: neben ihm stand ein Junge, der mit wachem, pfiffigen Blick der Ausräumung zusah. Auf seiner Stirn unter dem Mützenschild war kräftig tiefschwarz, fast leuchtend, das Aschenkreuz gezeichnet; es war so lebendig, daß er sich unwillkürlich den breiten Daumen eines kräftigen Priesters vorstellte, der in die Kohleschale gepackt und es mit zwei heftigen Strichen auf die Stirn des Jungen gezeichnet hatte – schwarz auf weiß. Aus der prallen linken Rocktasche des Jungen baumelte das rötliche Lesezeichen seines Lesebuches heraus. Das Kind blickte ihn jetzt an und lächelte: sein weißes Gesicht war fest und hübsch: schwarz waren die dunklen Striche der Brauen gezeichnet, und wenn er die Augen schloß, lagen die Wimpern zärtlich und sauber wie flüchtige Schmetterlinge auf der Wange. Der Mann nickte ihm zu und wandte sich ab, dann preßte er sein Gesicht plötzlich nah an die verschwommene Scheibe: drinnen kehrte die Frau mit einem Handfeger den leeren Schaukasten aus, die breiten Hände waren verschwunden, und der Mann klopfte nun leise mit dem Knöchel des rechten Zeigefingers gegen die Scheibe: er sah, wie sie aufblickte, der Besen ihrer kleinen Hand entfiel, ihre Lippen zitterten, und trat zurück.

Der Junge kniete am Rand des Bordsteins, in seiner linken Hand baumelte eine Schleuder, während seine Rechte in der Gosse nach Steinen zu suchen schien.

Der Mann ging nach rechts und lehnte sich müde in den Hauseingang. Der schwärzliche Ölanstrich war nun vollkommen zerkratzt, aber die Holztafel, in der die Namenschilder und Klingelknöpfe befestigt waren, schien unbeschädigt: das Holz war mit Schmutz und Alter getränkt, fast schwarz, die Klingelknöpfe blankgewetzt, und im Anblick der Schilder fiel er plötzlich durch die Gegenwart durch, zehn Jahre zurück, zwanzig, weit, weit in die Vergangenheit: der Name Kremer, eingestanzt in blankes Messing, schwarzgetönt mit glänzendem, harten Lack, rief die Erinnerung an einen muffigen Flur wach, in dem der Geruch mehliger Soßen festgefressen war, das hagere, grünliche Gesicht einer ewig jammernden Frau und an den prallen Nakken eines Mannes, der mit blanken Schuhen, den Hut auf den dicken Ohren, jeden Morgen zur Straßenbahn marschierte. Die Schilder tanzten vor seinen Augen, sie schienen zu exerzieren wie ein Trupp betrunkener Rekruten, der sich hintereinanderschob, nebeneinander, quer zueinander, ein Alphabet, das sich ständig verwirrte, neu ordnete, lebendige Figuren von gleicher Größe, schwarzlackiert auf einer messingblanken Oberfläche: die schwarze Tafel wie eine dumpfe Schachtel, in der die blanken Figürchen geschüttelt werden, eine Schachtel, aus der der Geruch von Bohnerwachs mittlerer Qualität stieg, und der Mann selbst fühlte sich hilflos schwimmend in diesem Behältnis der Vergangenheit, strampelnd verloren in diesem Bad von Häßlichkeit, Trauer und der stagnierenden Langeweile unendlicher Sonntagnachmittage, in denen das fade Geklimper eines Klaviers um Hilfe rief.

Kurz nachdem der dunkle und schöne Klang der Kirchenglocke ihn weckte, hörte er ein sehr helles, schneidendes

Klirr, Scherben fielen: er beugte sich vor, sah den Jungen, die flatternde Schleuder in der Hand, um eine Ecke biegen, und im gleichen Augenblick, mitten hinein in den dunklen gleichmäßigen Klang der Kirchenglocke, brach das überschnappende Keifen einer Frauenstimme; über dem welken Luftballon sah er ein mageres, fast bläuliches Gesicht, von viel zu blondem Haar umgeben: links von ihr die umgekippte Milchflasche, deren oberer Teil sich in der Umgitterung der Fensterbank gefangen hatte, und an der grünen Hausfront lief die Milch in einem silbernen Strom herunter, der sich verbreiterte, verengte und unten zwischen den Steinen zu einer kleinen Pfütze sammelte, auf deren Oberfläche sich der wesenlose Dreck der Straße mit erstaunlicher Schnelligkeit absetzte ...

Eine magere Hand ergriff das Gurkenglas, riß den Luftballon von seiner Schnur, das Fenster wurde zugeknallt, und in diesem Augenblick hatte die Kirchenglocke den Höhepunkt ihres vollen schönen Klanges erreicht, und der Mann mit den dicken, breiten, behaarten Händen verließ den Laden, seine große Gestalt ging gemessenen Schrittes davon. Er verließ den Hauseingang, drückte die Klinke der Ladentür hinunter und trat ein.

Sie stand hinter der Theke, zwischen ihren Händen eine Menge bunter kleiner Füllhalterkartons; ihr blasses Gesicht wurde dunkel, die Finger öffneten sich, die Kartons purzelten auf die Theke, und sie rief leise: »Willi! Willi!«

Er ging auf sie zu und legte einen Augenblick seine Wange auf ihr Haar. »Maria«, sagte er leise.

Ihre Hände lagen auf seinem Rücken und lösten sich schnell wieder. »Wie lange bleibst du?«

»Nicht lange«, sagte er hastig, »nicht lange. Wann kommt er zurück?«

»Bald, er ist nur zur Kirche. Du siehst schlecht aus, wie geht es dir?«

Er blickte sie prüfend an. »Du auch ... aber du veränderst dich nicht.«

»Wie geht es dir?«

»Schlecht«, sagte er heftig, »sehr schlecht.«

»Was tust du denn?«

»Nichts.«

»Du arbeitest nicht mehr, auch nicht mehr . . .«

»Nein«, sagte er, »auch nicht mehr für Brecht.« Er zuckte die Schultern. »Ich habe keine Einfälle mehr, sie haben bessere Graphiker.« Er ergriff ihre Hand und strich sich langsam damit an seiner Wange vorbei.

»Brauchst du Geld?«

»Ja.«

Sie wandte sich ab und lief an der Theke vorbei ins Hinterzimmer. Er blickte ihr nachdenklich zu. Nur deswegen war er hergekommen, es fiel ihm jetzt wieder ein. Wegen Geld. Er brauchte Geld. In der Tür, die sie hinter sich zugeworfen hatte, zitterte das grüne Glas der Füllungen nach. Er starrte die Wände an, die Regale mit Blöcken, Ansichtskarten, Schulheften, Büchern, sah die uralten Reklameschilder von Zigarettenmarken, die es schon seit zwanzig Jahren nicht mehr gab, und er fiel wieder durch die sehr dünne Schicht der Gegenwart zurück in die Vergangenheit: Zehn Jahre, zwanzig, dreißig, er sauste herunter wie mit einem Lift, dessen Seile zerrissen sind, vorbei an düsteren Stockwerken, bis er aufprallte, und er sah sich stehen, den Kopf gerade über die Theke erhebend, Geld in den schmutzigen Fingern, das er der großen, breiten, behaarten Hand entgegenschob, um Bonbons zu bekommen . . .

Auf der grünen Glastür schien die Zahl 3 zu schweben, 30, 300, dann wälzten sich die Nullen heran, winzige, dreckige Eier, in unendlicher Kolonne, flink sich vermehrend, und wieder schrumpfte die Zahl: 30, keine 3 mehr, nur noch eine Null, eine große ovale, saubere Null: ihr Gesicht . . .

»Was hast du?« fragte sie erschreckt.

»Nichts.«

Sie reichte ihm einen Packen Geldscheine, den er, ohne ihn anzusehen, zusammenklappte und in die Tasche steckte.

Während er ihr Gesicht erblickte, versuchte er zu überschlagen, wieviel Geld er da in seiner Manteltasche zusammenkrampfte: es schienen mindestens zehn Scheine zu sein, und obwohl er nie viel Geld in den Händen gehabt hatte, glaubte er zu fühlen, daß es Fünfer waren, ein kleines Paket schmutziger Papierlappen.

»Du bist froh«, sagte er heiser, »wenn ich wieder weg bin, nicht wahr?«

Sie schwieg und senkte den Kopf; so nahe, daß er es riechen konnte, sah er vor sich ihr Haar, dieses reizvolle Gemisch aus Silber und Gold, es roch einfach: nach Seife und Haar.

»Sei ehrlich«, sagte er.

Sie blickte auf und fing an, die bunten, kleinen Kartons wieder zusammenzusuchen, ihre Finger ordneten sie automatisch zu kleinen Sechserreihen, die sie übereinander schichtete.

»Sag es mir.«

»Ja«, sagte sie.

»Früher liebtest du mich.«

Sie blieb ruhig. »Gehst du noch zu deiner Mutter rauf?«

»Nein!«

»Sie würde sich freuen.«

»Ich schreibe ihr.«

Sie zuckte die Schultern. »Ich weiß. Die Post wird immer noch hier im Laden abgegeben.«

Die Kirchenglocke fing wieder an zu läuten, leise, sich langsam steigernd, und er sagte plötzlich: »Ich muß gehen.«

»Soll ich deine Mutter grüßen?«

»Nein, nein, ich schreibe ihr . . . auf Wiedersehen.«

»Auf Wiedersehen«, sagte sie.

Als er nach draußen kam, sah er den großen Mann um die Ecke biegen, er trat nahe ans Schaufenster heran und wartete: drinnen waren die Regenstriemen immer noch wie Tränenspuren auf ihrem Gesicht, und die Hände bewegten sich wie nicht dazugehörig; sie ordneten still die Dinge einer anderen Zeit, die nun der Kalender anzeigte: Gebetbücher mit goldenen Kreuzen wurden auf der rötlichen Papierbespannung des Schaukastens ausgerichtet, die bunten Kartons zu zierlichen Pyramiden geschichtet, große Bleistifte, lang wie kleine Speere, wurden gleich Staketen aufgestellt, Schulhefte an Drahtstützen gelehnt und Preisschilder von den ruhigen, weißen Händen verteilt. Sie blickte nicht mehr auf.

Dann hörte er die schweren Tritte hinter sich, die Ladentür wurde geöffnet, und das Gesicht drinnen verschwand plötzlich in der dunklen Öffnung des Schaukastens, dann folgten die Hände, und er wußte, daß die Straße frei war, blickte noch einmal die ferne, grünliche Maske an, die auf der schwarzen Leiste lag, und lief davon; im Laufen umkrampfte er die Scheine in seiner Manteltasche noch fester ...

Wiedersehen mit dem Dorf

Es ist jetzt fast alles wieder wie früher dort. Das Dorf ist in seine Stille zurückgesunken und nur die alten Geräusche sind dort zu hören: das langsame Knarren eines Wagens, der vom Felde kommt oder zum Felde fährt, oder der Ruf eines Bauern, der in der mittäglichen Stille den Knecht zur Arbeit treibt; einzig erregend ist das abenteuerliche Kreischen der Kreissäge, die mit gläsernem Knirschen die Buchenknüppel durchschneidet und dabei ihre wilde Stimme bis hoch unter das stumme Gewölbe des Himmels empor erhebt, als wolle sie auch seine graue Fläche zersägen und die Stücke zusammenfallen lassen über dieser dumpfen Stille; aber es bleibt ihr nichts als immer wieder ihre Wut an dem harmlosen Holz auszulassen ...

Nicht mehr das bösartige Knurren der Panzer oder das wichtigtuerische Bellen der kleinen Wagen, nicht mehr das furchtbare, allnächtliche Geräusch zurückflutender Infanterie, die vergebens dem großen Kesseltreiben zu entrinnen sucht, und am frühen Nachmittag mit neuen Waffen, neuen Vorgesetzten den gleichen Weg wieder zurücklegt, um ihn in der Nacht wieder zu fliehen; nicht mehr das erschreckende, ruhige, sich auf eine unheimliche sanfte Weise steigernde Kreisen der Jagdflieger, die sich wie Raubvögel über der Landschaft bewegen und mit plötzlichem Schrei und wildem Heulen auf die Beute stürzen ...

Auch die Gerüche sind wieder wie früher: sanfte Fäulnis feuchter Erde vermischt sich mit der brennenden und erregenden Schärfe bedeckter Feuer, die das Unkraut verzehren, und manchmal süße betäubende Wolken von Heu, wo damals der üble Dunst schlechter Brennstoffe gegen Häuser und Ställe gepufft wurde, während der Lärm der Schlachten ringsum den Horizont umloderte, sich enger und enger schloß wie eine Schlinge, die ein sicherer Henker hält ...

Alles, was auch nur den geringsten Nutzen versprach, ist

von den Bauern aus den Wracks herausgeklaubt, abgeschraubt oder abgeschlagen worden, und die stählernen, verrosteten Gerüste vernichteter Panzer und Wagen beginnen allmählich sich zu umranken mit Gestrüpp, und nicht einmal die unermüdliche Neugierde spielender Kinder entdeckt an ihnen noch etwas, das abgelöst und zu irgendeinem Spiel verwendet werden könnte.

Schützenlöcher und Bombentrichter sind ausgeebnet, und an die Stelle der Bäume, die von Granaten zerrissen wurden, sind neue gepflanzt, und die Ablösung beginnt schon zu wachsen, neue Zweige, neue Blätter zu bilden, so daß die Lücken nicht mehr auffällig erscheinen. Mit erstaunlicher Geduld auch ist die Kirche geflickt: die neuen Dachziegel haben die gleiche Farbe wie die alten, und auch die Uhr geht wieder, und pünktlich, wenn die beiden Zeiger sich auf der Zwölf treffen, wird der Angelus geläutet. Die Häuser sind in ihre frühere Bedeutungslosigkeit zurückgesunken, nachdem sie manchen scheinbar wichtigen Stab beherbergt haben, der das ungewohnte Geräusch ewig klingelnder Fernsprecher in ihnen erweckt hatte, jenes Kurbeln und anschließende Schreien, mit dem man die Geschicke der Schlachten zu lenken versucht . . .

Viele auch sind ausgezogen aus diesen Häusern und abgeschleppt worden in ferne, ferne Länder, deren dunkle Erde auch Kartoffeln trug, auch Bohnen und manches Gewächs, das ihnen fremd war: Sonnenblumenstengel in unermeßlicher Zahl oder Zitronensträucher, oder sie mußten sich hineinjagen lassen in die Endlosigkeit der Steppe, die keinen Horizont hatte, sondern Himmel, Erde und Horizont zugleich war: ein erdrückendes Gewölke des Nichts, erfüllt nur vom grauen Geflimmer atemloser Langeweile . . .

Manche sind nicht zurückgekehrt, sie schlafen in fremder Erde unter fremden Sträuchern und doch sind ihre Plätze ausgefüllt auf dem Friedhof, Fremde schlafen dort unter rostigen Stahlhelmen, deren verschiedene Formen sich immer mehr angleichen, je länger Regen, Wind und Sonne sie zärtlich oder stürmisch liebkosen . . .

Die graue Flanke der Kirche war aufgerissen zwischen zwei
Pfeilerstützen, und in der Öffnung stand das Tageslicht wie
in einem Tor: Steinbrocken lagen herum wie nach einer Fels-
sprengung, ringsum häufte sich Geröll, aber am Eingang war
aufgeräumt, und er ging zwischen aufgehäuften Trümmern
darauf zu und drückte die Brettertür auf, die ins Innere führte. Drinnen war es still. Vögel flogen durch den Raum, er
hörte sie pfeifen, und irgendwo das Piepsen der Jungen. Die
Kette eines verbeulten Leuchters, der noch im Gewölbe ver-
ankert war, krächzte leise, und er sah zwei fette Spatzen, die
auf dem Metallkranz wippten. Sie flogen auf, als er weiter-
ging. Nur im Umkreis der Tür war aufgeräumt; er kletterte
vorsichtig über den Schutt und blieb im Mittelschiff stehen:
aus dem großen Riß fiel das Licht grell in die Zerstörung.
Die Heiligen oben waren alle gekippt, ihre Sockel leer;
stumpfe, häßliche Reste klebten oben an der Mauer: irgendwo zwei Beine bis zu den Knien, ein einsamer Armstummel,
der sorgfältig im Gewölbe befestigt zu sein schien, und ein
breiter Mauerriß zeichnete sich scharf und schwarz wie das
Schattenbild einer Treppe von oben bis unten ab. Im Gewölbe stand der Himmel wie ein scharf ausgezacktes Stück
Grau, und er sah einen zweiten tiefen Riß, der bis in die
Flanke unten lief, schmal werdend, mit hellem Licht gefüllt.
Der Altar war verschüttet, das Chorgestühl umgekippt, er
sah die breiten, braunen Rückwände wie zu einer höhni-
schen Anbetung geneigt. Auch die untere Reihe der Säulen-
heiligen war lückenhaft: zerkratzte Torsi und geschundener
Stein, verstümmelt und verzerrt: manche Gesichter grinsten
wie wilde Krüppel, weil ihnen ein Ohr fehlte oder das Kinn,
Risse durchschnitten ihre Gesichter, andere waren kopflos.
Schlimm waren die, denen die Hände fehlten: sie schienen
fast zu bluten, stumm flehend, und eine barocke Gipsfigur

war eingedrückt wie ein Ei: das blasse Gesicht des Heiligen war unversehrt, ein schmales, trauriges Jesuitengesicht, aber Bauch und Brust waren aufgerissen und zerdrückt, der Gips war heruntergebröckelt, er lag in weißlichen Scheiben zu Füßen der Figur, und aus der düsteren Bauchhöhlung quoll Stroh heraus, mit erhärtetem Gips getränkt.

Er kletterte weiter über die Trümmer, vorbei an der Kommunionbank, in die linke der Conchen: die Fresken waren unversehrt, das Tageslicht fiel voll auf die blassen Farben. Auch der Nebenaltar war heil, schien sogar gesäubert zu sein: die Mensa war blank, und ein Blumenstrauß stand vor dem steinernen Tabernakel, und als er sich umblickte und in das Nebenschiff sah, waren die Beichtstühle leicht vorgeneigt, und endlich sah er ein Licht und ging darauf zu. Die Kerze brannte vor dem Muttergottesbild, und daneben hing das Kruzifix, das früher im Gewölbe vor dem Leuchter gehangen hatte. Die Kerze flackerte unruhig vor dem Gnadenbild, dessen hölzerner Grund sich leicht geworfen hatte und den goldenen Belag abwerfen zu wollen schien. Er war stellenweise schon heruntergebröckelt, und es lief wie weißliche Striemen über Mariens Gesicht. Nur die Blumen waren frisch und schön, wunderbare große Nelken mit fetten Köpfen, die in prallen Kapseln standen.

Er versuchte zu beten, erschrak aber im gleichen Augenblick: er hörte Gesang unter sich, aus der Erde kam er. Der Schauer war nur kurz: die Krypta fiel ihm ein, die wohl unbeschädigt war. Die Stimmen klangen dünn, seltsam gefiltert, es schienen nur wenige zu sein.

Mein Vetter Bertram gehört zu jener Gruppe von Neuroti-
kern, die, ohne im geringsten erkältet zu sein, in Konzerten
plötzlich zu husten beginnen. Es fängt an als mildes, fast
freundliches Räuspern, das dem Stimmen eines Instruments
nicht unähnlich ist, steigert sich langsam und wird mit einer
aufreibenden Folgerichtigkeit zum explosiven Gebell, das
die Haare der vor uns sitzenden Damen wie leichte Segel
flattern läßt.

Seiner Sensibilität entsprechend, hustet Bertram laut,
wenn die Musik leise, und milder, wenn sie laut wird. Er
bildet gleichsam mit seinem unerfreulichen Organ einen dis-
harmonischen Kontrapunkt. Und weil er ein vorzügliches
Gedächtnis hat und die Partituren genau beherrscht, dient er
mir, der ich ungebildet bin, fast wie ein musikalischer Füh-
rer. Wenn er zu schwitzen beginnt, seine Ohren sich röten,
er den Atem anhält und Hustenbonbons aus seiner Tasche
kramt, wenn sich ein penetranter Geruch von Eukalyptus
auszubreiten beginnt, dann weiß ich, daß die Musik piano zu
werden verspricht, und tatsächlich: der Bogen des Geigers
berührt kaum noch das Instrument, oder der Pianist scheint
den Flügel nur noch zu beschwören. Eine gleichsam sinnlich
spürbare deutsche Innerlichkeit breitet sich im Saal aus, und
Bertram sitzt da mit geblähten Backen, tiefste Schwermut in
den Augen, und plötzlich platzt er aus.

Da in unserer Stadt nur wohlerzogene Leute ins Konzert
gehen, dreht sich natürlich keiner um, keiner auch flüstert
pädagogische Formeln vor sich hin, aber es ist spürbar, wie
das Publikum mühsam seine Empörung unterdrückt, wie es
jedesmal zusammenzuckt, denn Betram kennt nun keine
Hemmungen mehr. Ein fast ununterbrochenes Blöken geht
von ihm aus, das sich langsam mildert, wenn der Piano-
Satz endlich zu Ende geht. Dann würgt er den Schwall von

Eukalyptussaft hinunter, und sein Adamsapfel geht auf und ab wie ein besonders flinker Aufzug.

Schrecklich ist, daß Betram mit seinem Husten die anderen, mehr latenten Neurotiker auf den Plan zu rufen scheint. Wie Hunde, die sich am Bellen erkennen, antworten sie ihm aus allen Ecken des Saales. Und merkwürdig, auch ich, der ich normalerweise von Erkältungen verschont bleibe und mit den Nerven keineswegs »herunter bin«, auch ich spüre, je länger das Konzert dauert, einen immer unwiderstehlicheren Hustenreiz. Ich spüre, wie meine Hände naß werden, ein innerer Krampf mich erfaßt. Und plötzlich weiß ich, daß alle Bemühungen zwecklos sind: daß ich husten werde. Es kratzt mir im Halse, ich kriege keine Luft mehr, mein Körper ist in Schweiß gebadet, mein Geist ausgeschaltet und meine Seele von Existenzangst erfüllt. Ich beginne, falsch zu atmen, zücke unruhig mein Taschentuch, um es gegebenenfalls vor den Mund zu halten, und lausche nicht mehr dem Konzert, sondern dem neurotischen Gebelle sensibler Zeitgenossen, die plötzlich auf den Plan gerufen sind.

Kurz vor der Pause spüre ich dann, daß die neurotische Infektion endgültig stattgefunden hat; ich kann dann nicht mehr und beginne Bertram zu assistieren, huste mich bis zum Beginn der Pause durch und renne zur Garderobe, sobald der Applaus einzusetzen beginnt. Völlig in Schweiß gebadet, von Krämpfen geschüttelt, renne ich am Portier vorbei ins Freie.

Man wird begreifen, daß ich begonnen habe, mich von Bertrams Einladungen höflich, aber bestimmt zu distanzieren. Nur hin und wieder nehme ich mit ihm zusammen an Manifestationen unserer Kultur teil: wenn ich überzeugt bin, daß im Orchester die Blechbläser überwiegen oder Männerchöre Gesänge wie ›Donnergrollen‹ oder ›Die Lawine‹ zum Besten geben; Kunstwerke, bei denen ein gewisses Quantum an Fortissimo garantiert ist. Aber gerade diese Art der Musik interessiert mich weniger.

Es ist völlig sinnlos, wenn die Ärzte mich überzeugen

wollen, daß es reine Nervensache sei, daß ich mich zusammenreißen soll. Ich weiß ja, daß es Nervensache ist, aber meine Nerven versagen eben, wenn ich neben Bertram sitze. Und vom Zusammenreißen zu sprechen ist überflüssig. Ich kann es einfach nicht. Wahrscheinlich ist mir an der Wiege gesungen worden, daß ich kein Zusammenreißer werden würde.

Betrübt sehe ich nun die Prospekte der Konzertgesellschaften durch. Ich kann ihre freundlichen Angebote nicht annehmen, weil ich weiß, Betram wird dort sein. Und sobald ich sein erstes Räuspern gehört habe, ist es mit meiner Fassung vorbei.

Als wir in unser Zimmer einzogen, war von der eigentlichen Decke fast nichts mehr da: ein paar Stuckreste klebten wie sanfte Oasen inmitten der groben Wüste des Lattengeflechtes, und wenn wir abends im Bett lagen, entdeckten wir, daß die Gipsstücke Gesichter hatten und Figuren bildeten.

Das größte Stück war wie eine Kreuzung zwischen Dromedar und Hund, ein tiefhüftiges, majestätisch schwebendes Gebilde, langgestreckt, mit heraushängender Zunge. Andere kleinere sahen wie Polypen aus, und es gab eine Reihe vitzliputzliartiger Verzerrungen, die im Dämmer anfingen zu leben. Eines aber von den größeren glich genau dem Schattenriß einer jungen Indianerin, die eine Häuptlingsfrau sein mußte, denn unverkennbarer Federschmuck zierte ihren schlanken Rücken.

Schließlich aber, wenn es auch interessant war, abends im Bett zu liegen und diese merkwürdigen Figuren zu betrachten, schließlich bestachen wir doch einen Verputzer, der große Mengen eines Gemisches von Sand und Kalkersatz gegen die Decke schleuderte, das Ganze mit einem Brett glattstrich und sich den Kopf kratzte.

Aber der Dromedarhund lebte immer noch, auch die kleineren Götzen und die sanfte, schöne Indianerin, denn die alten Reste waren spiegelglatt, fett von Gips und Kalk, und nun waren sie eingebettet ganz in grobes, sehr rauhes, gelbliches Zeug. Wenig später fühlten wir das Verlangen, die Decke zu tünchen, und wir bestachen jemand, der vorgab, ein Anstreicher zu sein. Dieser Wichtigtuer war den ganzen Tag damit beschäftigt, eine lange Leiter hinter sich herzuziehen und aus einem weißversprizten Eimer Tünche hochzuklecksen.

Aber unsere Stuckgespenster waren immer noch da: die Tünche war in den groben neuen Verputz eingedrungen, hatte ihn gelblich gemacht, aber die tadellose Weiße des alten Putzes hatte sie nicht noch weißer machen können, und die Gespenster triumphierten: ihre solide Durchsichtigkeit hatte gesiegt gegen die glanzlosen Materialien einer neuen Zeit.

Kurz danach fing der neue Putz an, herunterzubröckeln: erst lösten sich dumpfe Sternschuppen aus diesem freudlosen Himmel, später segelten ganze Stücke herunter, die, wenn sie zertreten wurden, ihre kümmerliche Substanz offenbarten: gewöhnlicher Sand, grau untermischt mit einer ruhmlosen Chemikalie.

Monatelang liefen wir nur noch mit Hüten in unserem Zimmer herum, und wir gewöhnten uns an die paradoxe Befreiung, die darin lag, daß wir die Hüte abnehmen konnten, wenn wir unsere Wohnung verließen. Merkwürdige Komplexe, die uns in den Ruf der Sonderlichkeit brachten, waren die Folge: traten wir in einen Raum, nahmen wir die Hüte nicht ab, sondern setzten sie auf, und verließen wir die ummauerten Räume, nahmen wir befreit unsere Kopfbedeckung ab. Tatsächlich nahm die Gefahr innerhalb unseres Zimmers so zu, daß unsere Vorsichtsmaßnahmen begreiflich sein müssen: große Placken der minderwertigen Substanz lösten sich täglich von unserer Decke, bedeckten als häßliches Geröll unseren Fußboden.

Inzwischen hat sich bei unserem Hauswirt etwas gezeigt, was bei ihm zu vermuten wir bisher keinen Grund hatten: Gewissen, gepaart mit etwas, was wir noch weniger hätten voraussetzen können: Geld, und er hat sich herabgelassen, beides bei uns zu investieren. Vertrauenerweckende Gerüste wurden aufgerichtet, Bütten herbeigeschleppt, in denen es fett und schwer schwappte: solides Gemenge aus Gips und Kalk. Die alten Reste wurden abgeschlagen, und das Lattengeflecht ist nun verdeckt von einer weißen Schicht von friedensmäßiger Glätte, die uns ein wenig tückisch erscheint, tückisch genug, um uns zu bewegen, die Hüte vorläufig auf dem Kopf zu lassen.

Daß ich eine Zeitlang von den Beinen meines Bruders gelebt habe, ist ein Geständnis, das mich in den Ruf des Zynismus bringen wird, aber ich kann nichts daran ändern: es ist wirklich wahr. Mißtrauische Leute werden irgendeinen sexuellen Hintergrund vermuten, aber das ist weit gefehlt: mein Bruder ist erfreulich normal – wenigstens in diesem Punkt. Er ist weder Tänzer noch Double für Stierkämpfer beim Film – seine Beine werden weder zu Reklamezwecken photographiert, um Herrensocken anzupreisen – noch habe ich mich zeitweise der Anthropophagie schuldig gemacht.

Das schlichte Gemüt meines Bruders langt nur zu einem linken Läufer des FC Pest, und seiner Beinarbeit wegen hat er schon die Aufmerksamkeit anerkannter Trainer auf sich gezogen. Er ernährte mich mit, was bei seinen Einkommensverhältnissen keineswegs schwierig war, aber doch der Anerkennung wert, denn die Dienste, die ich ihm leistete, waren, wenn auch nicht unwichtig, so doch untergeordneter Art: Ich kochte für ihn, überwachte seine Diät, massierte ihn. Viel Sorgfalt verwendete ich auf diese Muskelpakete, die die Grundlage unserer Existenz bildeten.

Mein Bruder ist nicht übel, er kann sogar sehr nett sein, aber es bringt natürlich Gefahren für den Charakter (wenn man einen hat), ein Paar solch seltener Beine zu besitzen, die der Gegenstand des Neides zahlreicher großer Vereine sind.

Außer den körperlichen Diensten, die ich für untergeordnet halte, hatte ich auch die geistige Betreuung meines Bruders übernommen. Das war schon schwieriger, und hier muß ich mir mein Leid einmal von der Seele reden. Mein Bruder ist nicht dumm, wirklich nicht, es wohnt ihm sogar eine partielle Intelligenz inne – wirklich. Ich spreche nicht pro domo – aber auf manchen Gebieten ist sein Aufnahmevermögen tatsächlich gering. Bei uns sind ja zum Glück ge-

wisse Laufbahnen an gewisse Examina gebunden, und mein
Bruder, der nicht nur ein guter Beinarbeiter, sondern auch
ehrgeizig ist, hat es sich in den Kopf gesetzt, Trainer zu
werden. Zu diesem Zweck sollte er ein Examen ablegen, das
auch ein gewisses Minimum an psychologischen Kenntnis-
sen erforderte. Ich halte zwar nichts von Psychologie, aber
wenn man Trainer werden will, muß man sie kennen, wenigstens partiell, und hier setzten meine Schwierigkeiten ein,
denn es gelang mir nicht, die Intelligenz aus den Beinen
meines Bruders in dessen Kopf zu verpflanzen. Mein Bruder
wurde eklig, weil ich ihm riet, linker Läufer zu bleiben und
nicht die Krone des Trainers zu begehren. Aber er verlangte
hartnäckig nach ihr, quälte mich, und wir verschlissen zwei
Lehrbücher der praktischen Fußballpsychologie, ohne zu einem positiven Ergebnis zu kommen.

»Läufer, bleib bei deinen Beinen!« sagte ich zu meinem
Bruder, doch er war in jenem Zustand, wo zitierte Sprich-
wörter einem den Rest geben, und er warf mich hinaus.

Seitdem geht es mir dreckig. Ich streiche um das Klublokal
des FC Pest herum, wissend, daß ich nicht würdig bin, dort
einzutreten meiner Garderobe wegen. Reuevoll gedenke ich
der Kränkung, die ich einem so beliebten Beinarbeiter wie
meinem Bruder zugefügt habe, und mit geziemender Demut
gedenke ich der Fleischtöpfe dieses Beinarbeiters.

Die Kunde von Bethlehem

Die Tür war keine richtige Tür: sie war lose aus Brettern zusammengenagelt, und eine Drahtschlaufe, die über einen Nagel gezogen war, hielt sie am Pfosten fest. Der Mann blieb stehen und wartete: »Es ist doch eine Schande«, dachte er, »daß eine Frau hier ihr Kind kriegen muß.« Er nahm die Drahtschlaufe vorsichtig vom Nagel, stieß die Tür auf und erschrak: er sah das Kind im Stroh liegen, die sehr junge Mutter hockte daneben, lächelte das Kind an ... hinten an der Wand stand einer, den der Mann nicht richtig anzusehen wagte: das könnte einer von denen sein, die die Hirten für Engel gehalten hatten. Der dort an der Wand lehnte, hatte einen mausgrauen Kittel an und hielt in beiden Händen Blumen: schlanke, gelbliche Lilien waren es. Der Mann spürte die Furcht in sich aufkommen und dachte: »Vielleicht stimmen doch die tollen Dinge, die die Hirten in der Stadt erzählt haben.«

Die junge Frau blickte jetzt auf, sah ihn freundlich und fragend an, und der junge Mann sagte leise: »Wohnt hier der Tischler?«

Die junge Frau schüttelte den Kopf: »Tischler ist er nicht – er ist Zimmermann.«

»Das macht ja nichts«, sagte der Mann, »eine Tür wird er ja reparieren können, wenn er Werkzeug mithat.«

»Er hat Werkzeug mit«, sagte Maria, »und Türen reparieren kann er. Das hat er in Nazareth auch gemacht.«

Sie waren also wirklich aus Nazareth.

Der mit den Blumen in der Hand sah jetzt den Mann an und sagte: »Du brauchst dich nicht zu fürchten.« Seine Stimme klang so schön, daß der Mann wieder erschrak, aber er blickte auf: der Mausgraue sah sehr freundlich, aber auch traurig aus.

»Er meint Joseph«, sagte die junge Frau, »ich will ihn wecken. Soll er die Tür reparieren?«

»Ja, in der Herberge zum ›Roten Mann‹, nur den Falz ein bißchen aushobeln und das Futter nachsehen. Die Tür klemmt so. Ich warte draußen, wenn du ihn holen willst.«

»Du kannst ruhig hier warten«, sagte die junge Frau.

»Nein, ich will lieber draußen warten.« Er sah flüchtig zu dem Mausgrauen hinüber, der ihm lächelnd zunickte, ging dann rückwärts hinaus und schloß die Tür vorsichtig, indem er die Drahtschlaufe über den Nagel zog. Männer mit Blumen waren ihm immer komisch vorgekommen, aber der Mausgraue sah nicht wie ein Mann aus, auch nicht wie eine Frau, und komisch war er ihm gar nicht vorgekommen.

Als Joseph mit der Werkzeugkiste herauskam, nahm er ihn beim Arm und sagte: »Komm, wir müssen links herum.« Sie gingen links herum, und jetzt fand der Mann endlich den Mut, das zu sagen, was er der jungen Frau schon hatte sagen wollen, aber er hatte sich gefürchtet, weil der mit den Blumen dabeistand. »Die Hirten«, sagte er, »erzählen ja tolle Dinge über euch in der Stadt.« Aber Joseph antwortete nicht darauf, sondern sagte: »Hoffentlich habt ihr wenigstens ein Stecheisen da, an meinem ist mir der Griff abgebrochen. Sind es mehrere Türen?«

»Eine«, sagte der Mann, »und ein Stecheisen haben wir. Es ist sehr dringend mit der Tür. Wir bekommen Einquartierung.«

»Einquartierung? Jetzt? Es sind doch keine Manöver.«

»Nein, Manöver sind nicht, aber es kommt eine ganze Kompanie Soldaten nach Bethlehem. Und bei uns«, sagte er stolz, »bei uns soll der Hauptmann wohnen. Die Hirten . . .«, aber er unterbrach sich, blieb stehen, und auch Joseph blieb stehen. An der Straßenecke stand der Mausgraue, er hatte den ganzen Arm voller Blumen, weißen Lilien, und verteilte sie an kleine Kinder, die gerade laufen konnten: es kamen immer mehr Kinder, und Mütter kamen mit solchen, die noch nicht laufen konnten, und der Mann, der Joseph geholt hatte, erschrak sehr, denn der Mausgraue weinte: die Stimme, die Augen hatten ihn schon erschreckt, aber seine Tränen waren noch schrecklicher: er berührte die Münder der Kinder, ihre Stirn mit seiner Hand, küßte ihre kleinen, schmutzigen Hände und gab jedem von ihnen eine Lilie.

»Ich habe dich gesucht«, sagte Joseph zu dem Mausgrauen, »eben, während ich schlief, habe ich geträumt . . .«

»Ich weiß«, sagte der Mausgraue, »wir müssen sofort weg.«

Er wartete noch einen Augenblick, bis ein ganz kleines, schmutziges Mädchen an ihn herangekommen war.

»Soll ich die Tür für diesen Hauptmann nicht mehr reparieren?«

»Nein, wir müssen gleich weg.« Er wandte sich von den Kindern ab, nahm Joseph beim Arm, und Joseph sagte zu dem Mann, der ihn geholt hatte: »Tut mir leid, ich glaube, es geht nicht.«

»Oh, laß nur«, sagte der Mann. Er sah den beiden nach, die zum Stall zurückgingen, blickte dann in die Straße, in der die Kinder lachend mit ihren großen weißen Lilien herumliefen. Da hörte er das Getrappel von Pferdehufen hinter sich, wandte sich um und sah die Kompanie, die von der Landstraße aus in die Stadt einritt. »Ich werde wieder ausgeschimpft werden«, dachte er, »weil die Tür nicht repariert ist.«

Die Kinder standen am Straßenrand und winkten den Soldaten mit den Blumen zu. So ritten die Soldaten durch ein Spalier weißer Lilien in Bethlehem ein, und der Mann, der Joseph geholt hatte, dachte: »Ich glaube, die Hirten haben recht mit allem, was sie erzählt haben . . .«

Aus dem Keller kam ihm schwüle, säuerliche Luft entgegen; er ging langsam die schleimigen Stufen hinunter und tastete sich in ein gelbliches Dunkel hinein: von irgendwoher tropfte es, das Dach mußte schadhaft oder eine Wasserleitung geplatzt sein; das Wasser vermengte sich mit Staub und Schutt und machte die Stufen glitschig wie den Boden eines Aquariums. Er ging weiter. Aus einer Tür hinten kam Licht, rechts las er im Halbdunkel ein Schild: »Röntgensaal, bitte nicht eintreten«. Er kam dem Licht näher, es war gelb und sanft und er erkannte am Flackern, daß es eine Kerze sein mußte. Im Weitergehen blickte er in dunkle Räume hinein, wo er durcheinandergewirbelte Stühle, Ledersofas und plattgedrückte Schränke erkennen konnte.

Die Tür, aus der das Licht kam, war weit geöffnet. Neben der großen Altarkerze stand eine Nonne in blauem Habit; sie rührte in einer Emailleschüssel Salat um; die vielen grünen Blättchen waren weißlich gefärbt, und er hörte unten in der Schüssel die Soße leise schwappen. Die breite, rosige Hand der Nonne ließ die Blätter rundkreisen, und manchmal fielen kleine Blättchen über den Rand hinaus; sie las sie ruhig auf und warf sie wieder hinein. Neben dem Kerzenhalter stand eine große Blechkanne, aus der es flau nach Bouillon roch, nach heißem Wasser, Zwiebeln und irgendeiner Würfelmasse.

Er sagte laut: »Guten Abend.«

Die Nonne wandte sich um, ihr breites rosiges Gesicht zeigte Angst, und sie sagte leise: »Mein Gott – was wollen Sie?« Von ihren Händen tropfte die milchige Soße, und an ihren weichen, kindlichen Armen klebten ein paar winzige Salatblättchen. »Mein Gott«, sagte sie, »haben Sie mich erschreckt. Wollen Sie etwas?«

»Ich habe Hunger«, sagte er leise.

Aber er blickte die Nonne schon nicht mehr an: sein Blick war nach rechts gefallen, in einen offenen Schrank hinein, dessen Tür vom Luftdruck herausgerissen war; der zerfetzte Rest der Sperrholztür hing noch an den Scharnieren, und der Boden war mit abgebröckelten Lackstücken bedeckt. Im Schrank lagen Brote, viele Brote. Sie lagen flüchtig übereinandergestapelt, mehr als ein Dutzend faltig gewordener Brote. Das Wasser schoß ihm ganz schnell in den Mund, er würgte den Schwall hinunter und dachte »Ich werde Brot essen, auf jeden Fall werde ich Brot essen . . .«

Er sah die Nonne an: ihr Kinderblick zeigte Mitleid und Angst. »Hunger?« sagte sie, »Sie haben Hunger?«, blickte fragend auf die Salatschüssel, die Bouillonkanne und den Brotstapel.

»Brot«, sagte er, »bitte Brot.«

Sie ging zum Regal, nahm ein Brot heraus, legte es auf den Tisch und suchte in einer Schublade nach einem Messer.

»Danke«, sagte er leise, »lassen Sie nur, man kann Brot auch brechen . . .«

Die Schwester klemmte die Salatschüssel unter den Arm, nahm die Bouillonkanne und ging an ihm vorbei hinaus.

Er brach hastig einen Kanten Brot ab: sein Kinn zitterte, und er spürte, wie die Muskeln seines Mundes und seine Kiefer zuckten. Dann grub er die Zähne in die unebene, weiche Bruchstelle und aß. Er aß Brot. Das Brot war alt, sicher eine Woche alt, trockenes Graubrot mit einer rötlichen Pappemarke von irgendeiner Fabrik. Er grub weiter mit seinen Zähnen, nahm auch die bräunliche lederne Kruste, packte den Laib in seine Hände und brach ein neues Stück ab; mit der Rechten essend, hielt er den Brotlaib mit der linken Hand fest; er aß weiter, setzte sich auf den Rand einer Kiste, und wenn er ein Stück abgebrochen hatte, biß er immer erst in die weiche Bruchstelle, dann spürte er rings um seinen Mund die Berührung des Brotes wie eine trockene Zärtlichkeit, während seine Zähne sich weiter gruben.

Im Luftzug der ein- und ausschwingenden Portaltür ging ihr ein Zündholz aus, ein zweites zerbrach an der Reibfläche, und es war nett von ihrem Anwalt, daß er ihr sein Feuerzeug hinhielt, die Hand schützend davor; so konnte sie endlich rauchen; beides tat wohl: die Zigarette und die Sonne. Es hatte knapp zehn Minuten gedauert, eine Ewigkeit, und vielleicht war es die Ewigkeit und Dauerhaftigkeit dieser endlos langen Flure, die den Uhrzeiger außer Spiel setzte; und dieser Andrang, diese nach Zimmernummern suchenden Menschen erinnerten sie an den Sommerschlußverkauf bei Strössel. Welcher Unterschied bestand zwischen Ehescheidungen und Badetüchern im Sommerschlußverkauf? Schlangestehen bei beiden Anlässen, nur – so schien ihr – wurde bei Ehescheidungen die letzte Entscheidung rascher verkündet, und rasch hatte sie es ja haben wollen. Schröder/Schröder. Geschieden. Naumann/Naumann. Geschieden. Blutzger/Blutzger. Geschieden.

Würde der nette Anwalt jetzt wirklich sagen, was er sagen mußte? Das einzige, das er sagen konnte? Er sagte es: »Nehmen Sie's nicht so schwer.« Sagte es, obwohl er wußte, daß sie's gar nicht so schwer nahm, und doch mußte er es sagen, sagte es nett, und es war nett, daß er es nett sagte. Und natürlich hatte er wenig Zeit, mußte zum nächsten Termin, wieder vor die Schranke, wieder Schlangestehen. Klotz/Klotz. Geschieden.

Ähnlich war's ja auch beim Sommerschlußverkauf gewesen; geduldig, höflich, nie drängend und doch gespannt warten, bis die Frau, die zu alt war, auch nur noch ein Badetuch zu verschleißen, sich entschlossen hatte, das ganze Dutzend zu nehmen; dann zur nächsten Kundin, die sich drei Badeanzüge gegriffen hatte. Schließlich ging es auch bei Strössel noch individuell zu, das war nicht irgendso ein Hop- und

Popladen, in dem offen verramscht wurde. Schließlich konnte der Anwalt nicht stundenlang bei ihr stehen bleiben, wo es doch kaum mehr zu sagen gab als »Nehmen Sie's nicht so schwer«. Die Position auf der obersten Stufe der Freitreppe erinnerte sie zu sehr an eine andere, vor sieben Jahren eingenommene, auf der obersten Stufe der Freitreppe vor dem Rathaus: Eltern, Trauzeugen, Schwiegereltern, ein Fotograf, die süßen kleinen Kinder von Irmgard, Ute und Oliver, die die Schleppe hielten; Blumensträuße, das mit weißen Rosen geschmückte Taxi, im Ohr noch das »Bis daß der Tod Euch scheidet«, und weiter mit dem Taxi zur zweiten Feierlichkeit, und noch einmal, diesmal kirchlich: »Bis daß der Tod Euch scheidet.«

Auch der Bräutigam war da, unten am Fuß der Freitreppe wartete er auf sie, strahlend wegen des Erfolgserlebnisses, und doch ein bißchen verlegen, und sichtbar stolz wegen des zweiten Erfolgserlebnisses an diesem Tag: daß es ihm gelungen war, hier, genau vor der Freitreppe, an einem der schwierigsten Parkplätze der Stadt, einen Platz für sein Auto zu finden. Erfolgserlebnisse verschiedener Art hatten im Scheidungsprozeß eine ziemliche Rolle gespielt.

Nun hatte nicht der Tod, das Gericht hatte sie geschieden, und weniger feierlich hätte es gar nicht sein können. Und wenn das Gericht, indem es die Scheidung aussprach, den Tod festgestellt hatte – warum fand dann nicht wenigstens eine Beerdigung statt? Katafalk, Trauergemeinde, Kerzen, Traueransprache? Oder warum nicht wenigstens die rückgespulte Hochzeit? Süße kleine Kinder, diesmal vielleicht Herberts Kinder, Gregor und Marika, die ihr die Schleppe abnahmen, den Brautkranz vom Kopf, das weiße Kleid mit einem Kostüm vertauschten, öffentlich auf der Freitreppe eine Art Hochzeitstrip, wenn schon keine Beerdigung stattfand.

Natürlich hatte sie gewußt, daß er hier auf sie warten würde; noch eine der sinnlosen Aussprachen, wo der Tod doch festgestellt worden war; sinnlos, weil er nicht begriff, daß sie gar nichts mehr von ihm wollte, seitdem sie mit dem Jungen in eine kleine Wohnung umgezogen war; nicht Geld, nicht ihren Anteil am »gemeinsam erworbenen Vermögen«, nicht einmal diese sechs Louis – der wievielte war es doch gleich? – Stühle, die ganz eindeutig ihr gehörten, aus der Erbschaft ihrer Großmutter. Wahrscheinlich würde er sie ihr eines Tages vor die Tür stellen, weil er »unklare Besitzverhältnisse einfach nicht ertragen konnte«. Sie wollte weder die Stühle noch das Meißner (sechsunddreißigteilig), keinen »Wertausgleich«. Nichts. Sie hatte ja den Jungen, vorläufig, weil er ja noch unverheiratet mit dieser anderen – war's nun die Lotte oder die Gaby? – zusammenlebte. Erst wenn er die Lotte oder die Gaby (oder war's eine Conny?) geheiratet hatte, würden sie den Jungen »teilen« müssen (und da war kein Salomon, der das Schwert über den zu teilenden Jungen hielt), diese ekelhafte Tüftelei mit dem Sorgerecht war ja abgemacht, festgelegt, und da würde es dann Pflichtbesuche geben; man lieferte das Kind zur Abfütterung ab. (»Willst du wirklich keine Schlagsahne mehr, und der neue Anorak gefällt dir wirklich, und natürlich bekommst du das Modellflugzeug.«) Für einen Tag, für zwei, oder eineinhalben, und man holte ihn wieder zurück. (»Nein, ich kann dir wirklich keinen neuen Anorak kaufen und auch zur Erstkommunion – oder war's die Konfirmation? – keinen tragbaren Fernseher. Nein.«)

Noch eine Zigarette? Besser nicht. Dieser Durchzug, den die Pendeltür verursachte, würde sie zwingen, jetzt, wo der nette Anwalt mit dem hübschen Feuerzeug ihr nicht mehr zur Seite stand, die neue Zigarette an der alten anzuzünden, und solche Kleinigkeiten würden den Eindruck der Nuttigkeit verstärken, und es würde ihr, wenn es endgültig um den Jungen ging, bestimmt angekreidet werden. Diese Angewohnheit, auf der Straße zu rauchen, war schon in die Scheidungsakten eingegangen, und da sie sich außerdem zugegebenermaßen des Ehebruchs schuldig gemacht hatte (vor ihm, wie ebenfalls zugegeben werden mußte), war sie ohnehin in die Gerichtsakten als eine Art Nutte eingegangen. Dieses Palaver, ob oder warum nicht Frauen auf der Straße rauchen sollten, könnten, dürften, war ihr vom Gegenanwalt als »pseudoemanzipatorisches« Getue angekreidet worden, das nicht zu ihrem »Bildungsstand« passe.

Gut, daß er nicht die Treppe heraufkam, sich auf einladendes Armeschwenken beschränkte, gut auch, daß er mißbilligend den Kopf schüttelte, als sie nun doch die zweite Zigarette anzündete, nicht an der ersten, sondern mit einem Zündholz, das nicht ausging, obwohl der Sommerschlußverkauf die Pendeltür in ständiger Bewegung hielt. Wenn da schon weder Pfarrer noch Standesbeamter gekommen waren, wenn schon keine tränenfeuchten Mütter- und Schwiegermütteraugen, nicht Fotograf und süße kleine Kinder, so hätte man doch wenigstens einen Beerdigungsunternehmer schicken können, der irgendwas – was? – in einem Sarg davonfuhr, einäschern ließ und irgendwo – wo? – heimlich verscharrte.

Wahrscheinlich versäumte er ihretwegen sogar einen Termin (die Fusionsverhandlungen mit Hocker/Hocker vielleicht, bei denen er die Personalprobleme zu lösen hatte), aber würde er wirklich wegen ein paar Stühlen die Hocker/ Hocker-Verhandlungen versäumen? Er begriff nicht, begriff nicht, daß sie ihn gar nicht haßte, daß sie nichts von ihm wollte, daß er ihr nicht einmal gleichgültig geworden war, nur fremd, jemand, den sie mal gekannt, mal geheiratet hatte, der ein anderer geworden war. Es war ihnen alles gelungen: Aufstieg und Hausbau, nur das eine nicht: den Tod aufzuhalten, und es war nicht nur er gestorben, auch sie; sogar die Erinnerung an ihn mißlang. Und vielleicht konnten und wollten die Kirchen – und die Verwaltungsleute nicht begreifen, daß dieses »Bis daß der Tod Euch scheidet« gar nicht den physischen Tod meinte, oder gar einen Tod vor dem physischen Tod, nur den Eintritt eines völlig Fremden ins eheliche Schlafzimmer, der sich Rechte holen wollte, die er gar nicht mehr besaß. Die Rolle des Gerichts, das diese

Todesurkunde ausstellte und sie Scheidung nannte, war so nebensächlich wie die des Pfarrers und des Standesbeamten: niemand konnte Tote lebendig oder den Tod rückgängig machen.

Sie warf die Zigarette hin, trat sie aus und winkte ihm endgültig und energisch ab. Es gab nichts mehr zu besprechen, und sie wußte genau, wohin er mit ihr fahren würde: in das Café draußen im Haydnpark, wo um diese Zeit die türkische Kellnerin gerade winzige Kupferväschen mit je einer Tulpe und einer Hyazinthe drin auf die Tische stellte, die Tischtücher zurechtzupfte; wo – um diese Zeit – noch irgendwo im Hintergrund staubgesaugt wurde; er hatte es immer »Café der Erinnerungen« genannt, mit seiner Herablassung festgestellt, daß es »ganz gut, nicht fein und schon gar nicht vornehm« war. Nein, sie wiederholte ihre endgültige abwehrende Geste, einmal, zweimal, bis er kopfschüttelnd tatsächlich in sein rotes Auto stieg, aus der Parklücke heraussetzte und ohne ihr noch einmal zuzuwinken davonfuhr, »vorsichtig, aber energisch«, wie sie's an ihm gewohnt war.

Es war noch nicht halb zehn, und sie konnte jetzt endlich die Treppe hinuntergehen, sich eine Zeitung kaufen und ins Café drüben gehen. Welch eine Erleichterung, daß er die Treppe freigegeben hatte. Sie hatte Zeit und es gab einiges zu bedenken. Um zwölf, wenn der Junge aus der Schule kam, würde sie ihm Pfannekuchen mit Kirschkompott machen und gegrillte Tomaten dazu, das aß er so gern; sie würde mit ihm spielen, Hausaufgaben machen und vielleicht ins Kino, vielleicht sogar in den Haydnpark gehen, den endgültigen Tod der Erinnerung festzustellen. Bei Kirschkompott, Pfannekuchen und gegrillten Tomaten würde er sie natürlich fragen, ob sie wieder heiraten würde, und sie würde nein sagen, nein. Ein Tod genügte ihr. Und ob sie wieder bei Strössel arbeiten würde, wo er im Hinterzimmer sitzen, Schulaufgaben machen, mit Stoffmustern spielen konnte und wo der liebe Herr Strössel ihm manchmal freundlich über den Kopf strich. Nein. Nein.

Das Tischtuch im Café gefiel ihr, tat ihren Händen wohl, das war wirklich reine Baumwolle, altrosa mit Silberstreifen, und sie dachte an die Tischtücher im Café im Haydnpark: maisgelb, ziemlich grob waren die ersten, damals vor sieben Jahren gewesen: später die grünen mit den aufgedruckten Margeriten und schließlich die grellgelben, uni, mit einem fransigen Rand, und er hatte (und hätte heute) dauernd an den Fransen gespielt und ihr einzureden versucht, daß sie wirklich ein Recht auf eine Art Abfindung hatte, mindestens fünfzehn-, vielleicht zwanzigtausend Mark, die er sehr leicht als Hypothek auf das unbelastete Haus aufnehmen konnte (und könnte), schließlich war sie ihm immer eine »gute, eine umsichtige, sparsame und doch nicht geizige, wenn auch ungetreue Ehefrau« gewesen und hatte am »Aufbau ihrer Existenz durchaus positiv und produktiv« teilgenommen, und diese Louis-Stühle und das Meißner, die standen ihr wirklich zu. Seine Wut darüber, daß sie von all dem nichts haben wollte, war heftiger als seine Wut über ihren Fehltritt mit Strössel gewesen – und schließlich riß er (und würde es heute auch getan haben) ein paar von den billigen Tischtuchfransen ab und warf sie auf den Boden – mißbilligender Blick der türkischen Kellnerin, die gerade Tee und Kaffee brachte, Tee für ihn, Kaffee für sie – ein weiterer Grund, drohende Bemerkungen über ihre Gesundheit zu machen und höhnisch auf den Aschenbecher zu zeigen (der übrigens häßlich war, dunkelbraun, fußbodenfarben – mit tatsächlich schon drei Kippen drin!).

Ja. Kaffee. Schon wieder trank sie einen, blätterte in der Zeitung. Hier im Café konnte sie auch ungestört rauchen, ohne blöde angeguckt oder gar angerempelt zu werden, und sie dachte an das Gerenne und Gedränge in den endlosen Gängen des Gerichtsgebäudes, wo sie alle hinauf- und hinunterliefen, die sich beleidigt fühlten oder beleidigt hatten, Miete nicht gezahlt oder nicht empfangen hatten; wo alles entschieden und nichts geklärt wurde, von netten Anwälten und netten Richtern, die den Tod nicht aufhalten konnten.

Immer wieder ertappte sie sich beim Lächeln, wenn sie über den Zeitpunkt des Todes, der sie geschieden hatte, nachdachte. Angefangen hatte es vor einem Jahr, als sie bei seinem Chef zum Abendessen waren, und er plötzlich von ihr sagte, sie käme »vom Textil her«, was so klang als wäre sie Teppichknüpferin, Weberin oder Zeichnerin gewesen, wo sie doch einfach Verkäuferin in einem Textilgeschäft gewesen war, und wie gern war sie's gewesen, mit den Händen alles auseinander-, wieder ineinanderfalten, schön für die Hände, die Augen, und in den verkaufsstillen Stunden wieder Ordnung schaffen, in Regale, Schubladen, Fächer zurückordnen: Handtücher, Leintücher, Taschentücher, Hemden und Socken, und da war eben eines Tages dieser nette Junge gekommen, der jetzt verstorben war, und hatte sich Hemden vorlegen lassen, obwohl er gar nicht vor- (und auch kein Geld) hatte, eins zu kaufen, war gekommen, nur, weil er jemand suchte, dem er brühwarm von seinem Erfolgserlebnis erzählen wollte: daß er drei Jahre nach dem Abendabitur (»Ich komme von der Elektrotechnik her« – dabei war er einfach Elektriker gewesen) schon sein Diplom und schon ein Thema für seine Doktorarbeit bekommen hatte. Und nun also dieser Ausdruck »meine Frau kommt vom Textil her«, was mindestens nach Kunstgewerbe, wenn nicht nach Kunst klingen sollte, und wie er böse, vor Wut fast krank geworden war, als sie sagte: »Ja, ich war Verkäuferin in einem Textilgeschäft und helfe noch manchmal aus.« Im Auto auf der Rückfahrt kein Wort, nicht eine Silbe, eisiges Schweigen, die Hände ums Steuerrad verkrampft.

Der Kaffee war überraschend gut, die Zeitung langweilig (»Unternehmergewinne zu niedrig, Löhne zu hoch«), und was sie so um sich herum aufschnappte, klang alles nach Gericht. (»Tatsachenverdrehung.« »Die Couch gehört nachweislich mir.« »Den Jungen laß ich mir nicht nehmen.«) Anwaltsroben, Anwaltsaktentaschen. Ein Bürobote brachte Akten, die mit Ernst aufgeschlagen, in denen sorgfältig geblättert wurde. Und wirklich: Die junge Kellnerin, die ihr jetzt den zweiten Kaffee brachte, legte ihr die Hand auf die Schulter und sagte: »Nehmen Sie's nicht zu schwer. Es geht vorüber. Ich habe wochenlang geheult, wochenlang sage ich Ihnen.« Sie wollte erst wütend werden, lächelte dann und sagte: »Vorüber ist's schon.« Und die Kellnerin sagte: »Und schuldig war ich auch.« Auch? dachte sie. Bin ich schuldig, und wenn ja, wieso sieht man mir das an: weil ich rauche vielleicht? Kaffee trinke, Zeitung lese und lächle? Ja, natürlich war sie schuldig, sie hatte sich geweigert, den Tod früh genug festzustellen, und diese mörderischen Monate noch bei ihm und mit ihm gelebt. Bis er ihr eines Tages ein neues Abendkleid mitbrachte, knallrot, tief dekolletiert, und sagte: »Zieh das auf dem Firmenball heut abend an, ich möchte, daß du mit meinem Chef tanzst und ihm alles zeigst, was du hast«, sie hatte aber das alte silbergraue mit dem hübschen Glasschmuck angezogen, und einen Monat später, als die Sache mit Strössel herauskam, seine Wut, als er sagte: »Was du meinem Chef nicht zeigen wolltest, hast du deinem ja nun gezeigt.«

Ja, das hatte sie getan. Nicht lange, nachdem er aus dem Schlaf- ins Gästezimmer gezogen war und am Morgen, nachdem er mit diesem Pornokram und der Peitsche ins Schlafzimmer zurückgekommen war und einen fürchterlichen Disput über seine geschlechtlichen Erfolgserlebnisse anfing, die sie ihm verweigere, die er aber dringend brauche, sie stünden in einem so krassen Gegensatz zu seinen beruflichen Erfolgserlebnissen, daß er in Neurose, fast Psychose verfalle; sie hatte ihm nicht zu einem Erfolgserlebnis verhelfen können, ihm die Peitsche aus der Hand genommen und die Tür hinter ihm abgeschlossen; das Zeug hatte sie eiskalt gemacht, und es war ihre Schuld gewesen, daß sie immer noch nicht den Tod festgestellt, den Jungen genommen, ein Taxi bestellt und weggefahren war, und sogar am Ausbau des Hauses hatte sie noch teilgenommen: Gästezimmer, Gästebad, Fernsehraum, Bibliothek, Sauna, Kinderzimmer, und es war ihre Idee gewesen, zu Strössel zu gehen und um

Rabatt zu bitten, für Bade- und Handtücher, Bett- und Kissenbezüge, für Vorhangstoffe. Natürlich war ihr ein bißchen unheimlich geworden, als Strössel ihr tief in die Augen schaute und den Rabatt von zwanzig auf vierzig Prozent erhöhte, und als sich seine Augen verschleierten und er versuchte, über die Theke hinweg nach ihr zu greifen, hatte sie gemurmelt: »Mein Gott, doch nicht hier, nicht hier«, und Strössel verstand das falsch (oder richtig) und meinte, anderswo sei's ihr recht, und sie war tatsächlich mit ihm nach oben gegangen, mit diesem dicklichen, kahlköpfigen Junggesellen, der zwanzig Jahre älter als sie war und selig, als sie sich mit ihm hinlegte. Und er hatte währenddessen den Laden offen und die Kasse unbewacht gelassen, und nicht einmal das unvermeidliche Auf- und Zuknöpfen von Kleidungsstücken war ihr peinlich gewesen. Und als er ihr später unten an der Kasse die Sachen einpackte, hatte er ihr keinen Rabatt gegeben, sondern sie den vollen Ladenpreis bezahlen lassen, und als er die Tür aufhielt, hatte er nicht versucht, sie zu küssen.

Der Gegenanwalt hatte tatsächlich versucht, diese Behauptung – des »nicht gewährten Rabatts nach bezeugter Gunst« – von Strössel bezeugen zu lassen, aber es war ihrem netten Anwalt dann doch gelungen, Strössel rauszuhalten. Ja, sie war dann mehrmals zu Strössel gegangen. »Nicht um einzukaufen?« »Nein.« »Wie oft?« Das wußte sie nicht, wußte sie wirklich nicht. Sie hatte das nicht gezählt. Von Heirat war nie gesprochen, das Wort Liebe nie erwähnt worden. Es war diese weiche, gerührte und rührende Seligkeit bei Strössel, die ihr Angst machte, in einem rosa Kissen zu versinken.

Nein, sie konnte nicht zu ihm zurückgehen, und doch wäre sein altmodischer Laden für sie das Richtige gewesen, wo sie alle Kästen und Kasten, Fächer und Schubfächer, das Lager kannte, wo es wirklich nur Wolle und Baumwolle gab; sie mit ihren Händen, die unfehlbar waren, wenn es galt, auch nur den kleinsten reingepfuschten Kunststoffaden herauszufinden. Nein, sie konnte auch nicht in einem der Hop- und Popläden arbeiten, wie Strössel sie immer nannte. Nein, nicht noch einmal heiraten, noch einmal dabeisein, wenn einer, der noch lebte, starb, und wieder einmal ein Tod sie schied. Es war wohl die Zeit gekommen, in der die Ehemänner auf eine brutale Weise obszön wurden und die Liebhaber auf eine altmodische, fast rosa Weise zärtlich und selig.

»Sehen Sie«, sagte die Kellnerin, als sie zahlte, »jetzt geht's uns schon besser. Sie sind doch noch eine junge und hübsche Frau und« – tatsächlich, sie sagte es – »das Leben liegt noch vor Ihnen, und das Kind wird zu Ihnen halten.« Sie lächelte der Kellnerin noch einmal zu, als sie das Café verließ.

Sie würde dem Jungen noch einen Nußkuchen backen, die Zutaten auf dem Heimweg kaufen, und wenn er sie fragte: »Muß ich wirklich zu dieser Frau?« (Conny, Gaby, Lotte?) würde sie sagen: »Nein.« Und es gab ja noch die Firma Haunschüder, Kremm und Co., Strössels alte Konkurrenz, wo die Unfehlbarkeit ihrer Hände ebenso begehrt sein würde. Nur war's mehr ein Versandgeschäft, und sie würde nicht mehr so oft ein Hemd ausbreiten und glattstreichen können, wie damals bei dem sympathischen Jungen, der gerade sein Diplom gemacht und das Thema für seine Doktorarbeit bekommen hatte. Vielleicht würde sie doch statt Kirschkompott Bücklinge nehmen; die hatte er ebenso gern, und er würde neben ihr stehen, wenn sie in der Pfanne kroß wurden, der Teig sie umschloß und bräunlich wurde. Wahrscheinlich konnte sie bei Haunschüder, Kremm und Co. Einkäuferin werden; auf ihre Hände konnte sie sich wirklich verlassen, kein eingepfuschter Faden ging ihnen durch.

Höflichkeit bei verschiedenen unvermeidlichen Gesetzes-übertretungen

Es scheint müßig, die selbstverständlichen Formen der Höflichkeit zu loben:

daß man natürlich einem Kind die Haustür aufhält

ein Kind beim Einkaufen nicht nur nicht zurückdrängt, sondern vorläßt

ein ermüdetes Schulkind, das streßgeplagt heimwärts fährt, friedlich seinen Sitzplatz in der Straßenbahn, in Bus oder Eisenbahn genießen läßt, ohne es verbal oder sei es auch nur durch erzieherisch-moralisches Anstarren in seinem wohlverdienten Frieden zu stören

für selbstverständlich halte ich auch, daß man sein Kind, seine Katze, Hund oder Vogel nicht hungern läßt und notfalls zum Mundraub bereit ist, und natürlich sollte man auch seine Frau oder Freundin nicht hungern oder dursten lassen

und sie alle soll man auch nicht prügeln, auch dann nicht, wenn sie danach verlangen, wie ja überhaupt die Höflichkeit der Hände eine der wichtigsten Höflichkeiten ist

auch soll man dem geehrten Gast nicht die erste, auch nicht die zweite, wenn es eben geht auch nicht die dritte, sondern die vierte Tasse aus der Teekanne einschenken, eingedenk des chinesischen Spruches: die Höflichkeit liegt nahe am Boden der Teekanne ...

zu den selbstverständlichen Höflichkeiten gehört auch, daß man im Umgang mit Menschen beiderlei Geschlechts, die sich als Untergebene empfinden – denn AN SICH ist der Begriff der Untergebenheit natürlich unzulässig – ein paar Töne leiser, zurückhaltender sein soll als im Umgang mit denen, die sich für Vorgesetzte halten; natürlich ist auch der Begriff des Vorgesetzten AN SICH unzulässig, denn man kann ja nicht einfach einen Menschen vorgesetzt bekommen, wie man etwa eine Suppe vorgesetzt bekommt, und man sollte ja zu diesen Vorgesetzten nicht etwa laut und grob, sondern nur ein paar Töne leiser und weniger höflich sein; dieses Vorgehen könnte die Strukturen ein wenig ändern.

Man sollte auch nicht jemandem, der einem unsympathisch ist, das einfach ins Gesicht sagen, etwa mit den Worten: »Ihre Fresse gefällt mir nicht!« Man kann sein Mißfallen auch höflich ausdrücken, etwa in folgender, möglichst schriftlicher Form, da die Mündlichkeit immer die Gefahr der Grobheit enthält: »Auf Grund unerfindlicher, nicht analysierbarer, ich will nicht sagen auf Grund kosmischer Konstellationen, denn ich will nicht die Gestirne und ihre Ascendenten allein verantwortlich machen – auf Grund also von Gegebenheiten, die weder allein schuld – noch allein schicksalhaft sind, sind die – sagen wir – Sympathiestränge zwischen uns leider – ich bitte Sie dieses ›leider‹ als einen Ausdruck sowohl meiner Trauer als meines abstrakten Respekts vor Ihrer Persönlichkeit zu interpretieren –, die Sympathiestränge zwischen uns haben sich als nicht belebbar erwiesen. Obwohl Sie eine ›an sich‹ durchaus angenehme Person und Erscheinung sind, halte ich es deshalb für angebracht, ja geboten, die Anzahl unserer Begegnungen auf ein Minimum zu beschränken, jenes Minimum, das uns aus beruflichen Gründen zwingt, hin und wieder Hände zu schütteln, Details zu besprechen, die nun einmal bei der immer wichtiger werdenden Produktion von (hier kann das jeweilige Produkt eingesetzt werden, etwa: Romane, Muttern, Heringe in Aspik) unerläßlich sind. Über dies notwendige Maß hinaus wollen wir uns den Klang unserer Stimmen, den Anblick von Haut und Haaren, die Wahrnehmung der Gerüche, die wir ausstrahlen, ersparen. Ich teile Ihnen dies mit, nicht ohne Trauer, in der Hoffnung, daß jene unerfindlichen Konstellationen und Kombinationen sich ändern, die Sympathiestränge zwischen uns sich beleben, daß eine veränderte Gesamt-Sympathielage uns möglicherweise in den Stand versetzen könnte, die notwendigen beruflichen Kontakte ins Private hinaus auszudehnen. Mit dem Ausdruck meiner vorzüglichsten Hochachtung.«

Solche Formen der Höflichkeit erscheinen mir als zu selbstverständlich, als daß ich mehr als andeutungsweise auf sie eingehen möchte.

So schwierig wie notwendig dagegen erscheint es mir, auf Höflichkeit in unkonventionellen, ja sogar illegalen Situationen hinzuweisen. Es muß betont werden, daß die Handlungen, auf die ich eingehen möchte, AN SICH nicht nur unkonventionell oder unsittlich, sondern ausgesprochen kriminell sind. Nehmen wir etwa ein AN SICH so kriminelles wie unhöfliches Delikt wie den Bankraub oder den Banküberfall, und denken wir an jene bis dato so gesetzestreue, anständige, ehrenwerte Dame, die am hellichten Tag – genauer gesagt gegen 15.29 Uhr – im Vorort einer deutschen Großstadt eine Sparkasse um 7000 Mark erleichterte. Man muß sich das einmal vorstellen: eine einundsechzigjährige Dame von der Sorte, die man zerbrechlich nennt, bei deren Anblick man an Patiencen oder Bridge denkt, Witwe eines Oberstleutnants, betritt die Filiale einer Sparkasse, um sich illegal in den Besitz von Geld zu bringen! Wenn diese Dame als die »höfliche Bankräuberin« bekannt geworden, sogar in den Polizeiakten als solche bezeichnet worden ist, so ist mit dem Adjektiv höflich ihre besondere Gefährlichkeit gemeint. Diese Dame hat instinktiv getan, was der höfliche Bankräuber tun muß: an Waffen, an Gewalt, an Geschrei gar nicht erst zu denken, solche plumpen Methoden gar nicht erst zu erwägen. Es ist ja nicht nur unhöflich, auch gefährlich, mit Pistolen oder Maschinengewehren herumzufuchteln und zu schreien: »Her mit dem Zaster, oder es knallt!«, und natürlich geht eine Dame wie die unsrige nicht einfach aus abstrakter Geldgier in die nächstbeste Bank, auch nicht, weil sie plötzlich aus dem Gleichgewicht geraten ist, sondern weil sie in einer vertrackten Situation ihr Gleichgewicht wiedergefunden hat. Sie hat sich diese Aktion genau überlegt und hat ihre Motive! Die Zwangslage, die diese Dame zu jener gelinde gesagt unkonventionellen Handlung zwingt, muß kurz skizziert werden: sie hat einen Sohn, der auf die schiefe Bahn geraten, verschiedene kleine Haftstrafen abgesessen, nun aber, wieder einmal aus dem Gefängnis entlassen, eine Freundin gefunden hat, die stabilisierend auf ihn wirkt und einwirkt, er soll eine Chance als Arzneimittelvertreter bekommen – seine Mutter hat ein kleines Vermögen an Telefon und Portokosten ausgegeben, hat sämtliche Beziehungen – darunter solche zu zwei noch aktiven Generalen – spielen lassen, um ihm diese Chance zu verschaffen. Und nun kommt unerwartet und im letzten Augenblick die Forderung der Firma: 5000 Mark Kaution! Die Mutter – jene Dame, die als die höfliche Bankräuberin bekannt geworden ist – hat ihm eine kleine Wohnung besorgt, sie hat Zuneigung zu seiner Freundin gefaßt, alles läuft bestens, und nun das Unvorhergesehene: 5000 Mark Kaution! Man muß sich das einmal vorstellen: die Dame hat ihr Bankkonto schon erheblich überstrapaziert, ihre Pension ist auf ein Existenzminimum geschrumpft, der größere Teil geht in die Kasse der Bank zurück, sie hat angepumpt, wen immer sie anpumpen konnte, Bridgefreundinnen, alte Kameraden ihres Mannes, darunter zwei Obristen und ein General, lauter nette Menschen; sie hat schon das Frühstücksei von ihrem Menü gestrichen, und nun steht sie da in ihrer Wohnung und es fällt ihr nur der Spruch ein: »Woher nehmen ohne zu stehlen?« und dieser so beliebte Spruch wird der Sparkasse zum relativen Verhängnis. »Woher nehmen ohne zu stehlen« – da bietet sich ja das Stehlen sozusagen von selbst an. Es muß hinzugefügt werden, daß die Dame nicht nur zerbrechlich, auch stolz ist. Immer wieder hat sie sich demütigen, hat sich belehren lassen müssen, sie hat einige tausend wohlmeinende Ratschläge über sich ergehen lassen, hämische Bemerkungen über ihren geliebten Sohn geschluckt, sie hat den größeren Teil ihrer Möbel verkauft, hat ihren Collie abgeschafft, an dem sie sehr hing, und sich darüber mit ihrer besten Freundin zerstritten, die tatsächlich sagte: »Ein Hund für einen Hund – das ist kein Geschäft«, sie hat ihren Sohn in einigen Gefängnissen besucht, Anwälte bezahlt, Reisekosten gehabt. Der einzige Luxus, den sie noch hat, ist das Telefon: damit ihr Sohn sie jederzeit anrufen kann, sie ihn, wenn er gerade Telefon hat. Es gibt sogar Augenblicke, wo sie ihn nicht nur zu verstehen *glaubt,* sondern sogar versteht. Die gesellschaftlichen Erfahrungen der vergangenen vier Jahre haben sie *innerlich* an den Rand der Asozialität gedrängt, äußerlich noch nicht: sie ist eine gepflegte Dame, sieht jünger aus als sie ist, und nun, nachdem ihr Sohn telefonisch Alarm gegeben hat, fällt ihr der verhängnisvolle Spruch ein: »Woher nehmen ohne zu stehlen«, und die Moral dieses Spruchs hakt bei ihr an einer Stelle ein, die die Verbreiter solcher Sprüche nicht vorausgeahnt haben. Stehlen, denkt sie, das ist die Lösung, als ihr gegen 14.30 Uhr jene gepflegte kleine Sparkassenzweigstelle einfällt, die in einem benachbarten Vorort am Rande eines Parks liegt. Bevor sie das Haus verläßt, füttert sie noch ihre hübschen Zwergfinken, das sind winzige Vögel von der Größe eines halben Daumens, die sie sich noch leisten kann. Das Wort Stehlen, ihr so unvertraut, wird ihr immer geläufiger, während sie sich dem Park im Nachbarvorort nähert, den sie ungefähr gegen 15.05 Uhr erreicht. Stehlen, denkt sie, wo stiehlt man Brot? In der Bäckerei. Wo stiehlt man Wurst? In der Metzgerei. Wo stiehlt man Geld? Aus einer Ladenkasse oder in einer Bank. Die Ladenkasse wird sofort ausgeschlossen, das ist ihr zu *persönlich,* sie will niemanden direkt berauben; außerdem: in welcher Ladenkasse sind schon 5000 Mark? Eine Ladenkasse zu berauben kommt ihr auch zu zudringlich, fast aufdringlich vor. Gewissensbisse hat sie schon längst keine mehr, schon ist sie in taktischen und strategischen Überlegungen begriffen; sie blickt aus einem Gebüsch auf die kleine, sehr vornehme Sparkasse da drüben, von der sie weiß, daß sie um 15.30 Uhr schließt. Der Schalterraum ist leer, und es schießen ihr merkwürdige Dinge durch den Kopf: sie hat natürlich hin und wieder ferngesehen, geht auch schon mal ins Kino, und sie denkt – nicht an Waffen, nicht einmal an Spielzeugwaffen, sondern sie denkt an den Strumpf, den man sich übers Gesicht zieht: das hat ihr immer ein Schaudern verursacht, weil es ihr ästhetisches Gefühl verletzte, wie da ein menschliches Antlitz verunstaltet wurde; außerdem findet sie es unter ihrer Würde, hier in diesem Gebüsch eines ihrer Beine des Strumpfes zu berauben; das würde sie ja auch für eventuelle Verfolger kenntlich machen. In dieser Überlegung *treffen* sich – wie der geneigte Leser sofort feststellt – Ästhetik, Moral und Taktik in einmaliger Weise! In ihrer Handtasche hat sie eine riesige Sonnenbrille – ein Geschenk ihres Sohnes, der meinte, die würde ihr gut stehen – sie setzt die Brille auf, zerwühlt sich das ansonsten so gepflegte Haar, tritt aus dem Gebüsch, überquert die Straße, betritt die Sparkasse: am rechten Schalter eine junge Dame, die mit Buchungsbelegen beschäftigt ist und ihr freundlich zulächelt, ein bißchen gequält, weil der Schalterschluß nur noch wenige Minuten bevorsteht; der mittlere Schalter ist geschlossen; am linken steht ein junger Mann von etwa vierunddreißig und zählt die Tageskasse; er blickt auf, lächelt sie höflich an und sagt das übliche: »Womit kann ich Ihnen dienen, gnädige Frau?« In diesem Augenblick greift sie in ihre Handtasche, zieht die Hand als geballte Faust heraus, tritt näher an den Schalter heran, und flüstert: »Eine außergewöhnliche Zwangslage zwingt mich zu diesem leider unvermeidlichen Überfall. In meiner rechten Hand habe ich eine Nitritkapsel, die großes Unheil anrichten kann. Ich bedaure außerordentlich, daß ich Ihnen drohen muß, aber ich brauche sofort 5000 DM. Geben Sie sie mir. Sonst . . .

Die Tragik der Situation wird hier erhöht durch die Tatsache, daß auch der Bankbeamte – wie die meisten seiner Kollegen – ein höflicher Mensch ist, dem das »sonst« nicht den geringsten Schrecken einjagt, der die Not der Dame aber sofort begreift. Außerdem fordern professionelle Bankräuber nie bestimmte Summen, sondern alles. Er hält im Zählen – er ist ausgerechnet bei den Fünfhundertmarkscheinen! –

inne und flüstert: »Sie bringen mich in eine peinliche Lage, wenn Sie nicht mehr Gewalt anwenden. Kein Mensch wird mir die explosive Kapsel glauben, wenn Sie nicht schreien, drohen, eine glaubwürdige Szene aufführen. Schließlich gibt es auch bei Banküberfällen Spielregeln. Sie machen das ganz falsch.« In diesem Augenblick verläßt die junge Dame ihren Schalter, schließt die Bank von innen ab, läßt aber den Schlüssel stecken. Die alte Dame, nicht weniger entschlossen, sondern entschlossener denn je, erkennt ihre Chance. »Diese Kapsel«, flüstert sie drohend. »Nitrit« sagt der Bankbeamte, »ist nicht explosiv, sondern nur giftig. Wahrscheinlich meinen Sie Nitroglyzerin.« »Das meine ich nicht nur, das habe ich.« Man sieht schon, daß der Bankbeamte – bzw. sein Geld – verloren ist. Anstatt einfach den Alarmknopf zu drücken, läßt er sich auf Diskussion ein, außerdem hat er doch inzwischen Schweißtröpfchen auf Stirn und Oberlippe und grübelt darüber nach, wozu die Dame das Geld wohl brauchen könnte: trinkt sie? ist sie süchtig? hat sie Spielschulden? einen rebellischen Liebhaber? Er grübelt zu viel, macht nicht von seinem Recht Gebrauch, und in diesem – man kann wohl sagen *stark* meditativen Intermezzo, greift die alte Dame einfach durch den Schalter, schlau genug, dies mit der linken Hand zu tun, ergreift soviel Fünfhundertmarkscheine, wie sie greifen kann, rennt zur Tür, schließt sie auf, überquert die Straße, verschwindet im Gebüsch – und erst als sie schon lange außer Sichtweite ist, gibt der Beamte Alarm. Es ist ziemlich sicher, daß *dieser* Bankbeamte einem unhöflichen Bankräuber viel energischer entgegengetreten wäre, er hätte ihm auf die geballte Faust geschlagen, Alarm gegeben.

Diese Sache hatte natürlich verschiedene Nachspiele. Die wichtigsten seien hier angedeutet: die Dame wurde nie geschnappt, der Kassierer wurde nicht entlassen, nur an eine Stelle versetzt, wo er weder mit Geld noch mit Publikum direkten Kontakt hatte. Als die Dame feststellt, daß sie statt 5000 Mark 7000 Mark erwischt hatte, überwies sie 1900 zurück, denn sie war raffiniert genug, das Geld nicht telegrafisch zu überweisen, was ja zu ihrer Identifizierung hätte führen können, sie erlaubte sich ein Taxi, fuhr zum Bahnhof, mit dem nächsten Zug zu ihrem Sohn – und das kostete sie etwa 90 Mark, die restlichen 10 gebrauchte sie für Kaffee und Kognak, die sie im Speisewagen zu sich nahm – und verdient zu haben glaubte. Sie legte ihrem Sohn, als sie ihm das Geld übergab, die Hand auf den Mund und sagte: »Frag *nie*, woher ich's habe.« Sie telefonierte dann mit ihrer Nachbarin und bat sie, den hübschen Zwergfinken Futter zu geben. Fast überflüssig zu sagen, daß es mit ihrem Sohn ein gutes Ende nahm: er las natürlich in der Zeitung von dem merkwürdigen Überfall der »höflichen Bankräuberin«, und dieser Akt der Solidarisierung durch eine kriminelle Handlung von seiten seiner Mutter wirkte moralisch stabilisierend auf ihn, mehr als einige tausend gute Ratschläge, mehr auch als seine stabilisierende Freundin; er wurde ein zuverlässiger Arzneimittelvertreter mit Aufstiegschancen, konnte es sich allerdings nicht verkneifen, seiner Mutter bei mehreren Gelegenheiten zu sagen: »Daß du *das* für mich getan hast.« *Was* wurde nie ausgesprochen. Nach längeren Beratungen mit sich selbst setzte die Dame die Rückzahlungsraten an die Bank auf eine Mark monatlich an, ihre Begründung für diese geringe Rate: »Banken können warten.« Dem Bankbeamten schickte sie hin und wieder Blumen, ein Buch oder ein Theaterbillet und vermachte ihm das einzige wertvolle Möbelstück, das sie noch besaß: eine geschnitzte Hausapotheke in neogotischem Stil.

Man sieht: Höflichkeit lohnt sich, für Bankbeamte und Bankräuber, und wenn Bankräuber Waffen oder Sprengkapseln, grobe Worte, grobes Auftreten völlig aus ihren Überlegungen ausschließen, wird man eines Tages vielleicht gar nicht mehr von Banküberfällen, sondern nur noch von erzwungenen Darlehen sprechen, bei denen nur von einem gewaltlosen Zweikampf zwischen zwei verschiedenen Erscheinungsformen der Höflichkeit gesprochen werden kann.

Nun muß hinzugefügt werden, daß Bankraub – wenn er gewaltlos und ohne körperliche Schäden verläuft – ein ziemlich populäres Vergehen ist: jeder geglückte Bankraub, bei dem niemand verletzt wurde, löst Glücksgefühle und auch Neid bei denen aus, die jeder Zeit einen geglückten und gewaltlosen Bankraub ausführen würden, hätten sie den Mut dazu.

Viel schwieriger ist es bei einem ebenfalls strafwürdigen Vergehen wie der *Desertion* Höflichkeit auch nur zu erwähnen. Seltsamerweise hält man Deserteure für feige, ein Urteil, das bei näherer Betrachtung nicht aufrecht erhalten werden kann. Der Deserteur im Krieg riskiert, erschossen zu werden – von Freund oder Feind, denn er weiß ja nie, wem er sich da in die Hände begibt, wenn er auch zu wissen glaubt, aus wessen Händen er sich da entfernt. Wie immer man da welche nationalen Maßstäbe anlegen möchte – und seltsamerweise sind sich da alle Nationen einig – der Deserteur im Krieg riskiert etwas – und man sollte sein Risiko respektieren. Doch hier soll vom *höflichen* Deserteur *im Frieden* gesprochen werden, von jenem unbekannten jungen Mann, der den Militärdienst verläßt, ohne von seinen Rechten – etwa das Recht auf Verweigerung – Gebrauch zu machen; der abhaut, untertaucht, wenn möglich ins Ausland, weil er einfach keine Lust mehr hat und die Hauptbürde des Soldatenlebens – der Langeweile – überdrüssig ist, den weder die mehr oder weniger erzwungene Kameraderie noch der sogenannte Dienst locken, den Geld, Essen, Führerschein, Bildungschancen, Aufstiegsangebote gleichgültig lassen; ein netter deutscher Junge, der – sagen wir – seinen Eichendorff in der Schule gelesen hat – und ihn »umwerfend« fand; ein sympathischer Junge, der die Schule nicht absolvierte, weil sie ihm zu langweilig wurde; der Tischler wurde, eine Sache, die ihm Spaß machte; der kurz nach der Gehilfenprüfung zum Wehrdienst eingezogen wurde, an Panzerfahrzeugen, Waffen aller Art völlig desinteressiert, auch an Politik nicht interessiert, sondern nicht ausschließlich, aber sehr stark an der Herstellung von Möbeln, wie er sie bei verschiedenen Aufenthalten in Italien in den Erdgeschoßwerkstätten von Rom und Florenz, vielleicht auch Siena beobachtet hat; moralische Probleme – daß da hin und wieder Möbel regelrecht gefälscht werden – interessieren ihn nicht – er will, er wollte dorthin, und findet sich statt dessen unversehens in einer Infanteriekaserne in – sagen wir – Neu-Offenbach. Natürlich kann man diesem jungen Mann eine Menge ernsthafter Vorwürfe machen: daß er kein Staatsbürgerbewußtsein hat, daß er nicht nach, sondern besser vor der Einberufung hätte abhauen sollen, nach – sagen wir – Bologna; man kann ihm vorwerfen, daß er kein Pflichtbewußtsein hat – obwohl das nicht zutrifft, denn der Meister, bei dem er gelernt hat, der inzwischen ein Opfer wirtschaftlicher Strukturwandlungen geworden ist, hat ihm ein vorzügliches Zeugnis ausgestellt; seine Eltern, seine Lehrer, sogar sein Freund haben ihm immer wieder beizubringen versucht, daß man *realistisch* denken muß, doch dieser sympathische junge Mann denkt *realistisch,* er denkt an abgelagertes Holz, an Leim und Schrauben, an Hobelbänke und geschweifte Stuhlbeine, er denkt natürlich auch an Mädchen und Wein und solche Sachen. *Nur:* die Bundeswehr sagt ihm nicht nur nicht zu: sie sagt ihm nichts, sie gibt ihm nichts. Solche Fälle gibt es ja. Es nutzt nichts, das zu beklagen, wenn es auch AN SICH beklagenswert ist. Der Junge ist nun einmal so, und man muß ihm zugestehen, daß er sich relativ fair verhalten hat, denn er hat den sogenannten Grunddienst getreulich absolviert: das hat er nicht etwa eingesehen, es hat seine Neugierde erregt, wenn auch nicht seine Einsicht geweckt. Nun aber hat er einfach die Nase voll – und er wendet sich nicht an irgendwelche Beratungsstellen – kirchliche, staatliche, überparteiliche – nein, er haut einfach ab, da er aber ein höflicher Mensch ist, haut er nicht sang- und klanglos ab, er schreibt – aus sicherer Entfernung, und mit irreführendem, nämlich Schweizer Porto – einen Brief an seinen Kompaniechef.

»Sehr geehrter Herr Hauptmann, daß ich Ihrem Beruf, den ich jetzt noch ein Jahr lang ausüben müßte, keinen Reiz abgewinnen kann, sollte Sie nicht kränken, wie ich Sie überhaupt bitte, meine Desertion nicht persönlich und schon gar nicht als beleidigend zu empfinden. Ich bin nun einmal kein Soldat und werde nie einer werden, und nichts läge mir ferner als Ihnen einen Vorwurf draus zu machen, daß Sie kein Tischler sind und wahrscheinlich nicht wissen, was eine Zarge ist und schon gar nicht, wie man eine solche herstellt. Natürlich weiß ich, ich bitte Sie, das immer vorauszusetzen, daß es zwar Gesetze gibt, die einen Menschen zwingen können, für eineinviertel Jahre Soldat zu sein, aber keine Gesetze, die einen zwingen, etwas von Zargen zu verstehen, und so weiß ich auch, daß mein Vergleich Soldat/Tischler hinkt. Lassen wir ihn also hinken, und wenn es dieses Gesetz gibt, das mich zwingt, mich ein weiteres Jahr auf eine fürchterliche Weise zu langweilen, so teile ich Ihnen hierdurch mit, daß ich dieses Gesetz eben breche. Was mich daran schmerzt, ist die Tatsache, daß Sie ein so netter, sympathischer, verständnisvoller Vorgesetzter waren, daß ich es natürlich vorziehen würde, einem miesen, biestigen Offizier den Schmerz zuzufügen, den ich Ihnen möglicherweise zufüge. Sie haben mich, der ich so wenig die absurden Dienstvorschriften begreife, einige Male vor Bestrafung geschützt, Sie haben zu so mancher Torheit, die meinen Unteroffizier und sogar meine Kameraden erregte, verständnisvoll gelächelt, so verständnisvoll, daß ich in Ihnen einen heimlichen Deserteur vermute, und das sollten Sie nun wiederum nicht als Beleidigung, sondern als Schmeichelei verstehen. Ich will mich kurz fassen: *als* Vorgesetzter waren Sie noch besser als mein Meister, aber *was* Sie – oder besser gesagt: die Armee – mir vorsetzte, war einfach unerträglich, es gilt weder dem Essen noch dem Taschengeld, sondern einfach dieser entsetzlichen Tätigkeit, die man »die Zeit totschlagen« nennt. Ich will einfach meine Zeit nicht mehr totschlagen, ich will sie zum Leben erwecken – mehr nicht – und auch nicht weniger.

Das einzige Vernünftige, das einzige, was mir Spaß gemacht, war der viertägige Katastropheneinsatz bei den Überschwemmungen in Oberduffendorf: das war wohltuend, mit dem Schlauchboot von Haus zu Haus zu paddeln und den Eingeschlossenen von Oberduffendorf heiße Suppe, Kaffee, Brot und die Bildzeitung zu bringen – da leuchtete so manches Gesicht in Dankbarkeit. Aber ich bitte Sie, Herr Hauptmann, wäre es nicht geradezu makaber oder gar frevelhaft, auf weitere Katastrophen zu warten, um im Wehrdienst einen Sinn zu sehen? In der Hoffnung, daß Sie einige meiner Gedanken verstehen, meine Motive nicht verachten, bin ich mit höflichem Gruß der Ihre.«

Du fährst zu oft nach Heidelberg
Für Klaus Staeck, der weiß, daß die Geschichte von Anfang bis Ende erfunden ist und doch zutrifft.

Abends, als er im Schlafanzug auf der Bettkante saß, auf die Zwölf-Uhr-Nachrichten wartete und noch eine Zigarette rauchte, versuchte er im Rückblick den Punkt zu finden, an dem ihm dieser schöne Sonntag weggerutscht war. Der Morgen war sonnig gewesen, frisch, maikühl noch im Juni und doch war die Wärme, die gegen Mittag kommen würde, schon spürbar: Licht und Temperatur erinnerten an vergangene Trainingstage, an denen er zwischen sechs und acht, vor der Arbeit, trainiert hatte.

Eineinhalb Stunden lang war er radgefahren am Morgen, auf Nebenwegen zwischen den Vororten, zwischen Schrebergärten und Industriegelände, an grünen Feldern, Lauben, Gärten, am großen Friedhof vorbei bis zu den Waldrändern hin, die schon weit jenseits der Stadtgrenze lagen; auf asphaltierten Strecken hatte er Tempo gegeben, Beschleunigung, Geschwindigkeit getestet, Spurts eingelegt und gefunden, daß er immer noch gut in Form war und vielleicht doch wieder einen Start bei den Amateuren riskieren konnte; in den Beinen die Freude übers bestandene Examen und der Vorsatz, wieder regelmäßig zu trainieren. Beruf, Abendgymnasium, Geldverdienen, Studium – er hatte wenig dran tun können in den vergangenen drei Jahren; er würde nur einen neuen Schlitten brauchen; kein Problem, wenn er morgen mit Kronsorgeler zurechtkam, und es bestand kein Zweifel, daß er mit Kronsorgeler zurechtkommen würde.

Nach dem Training Gymnastik auf dem Teppichboden in seiner Bude, Dusche, frische Wäsche und dann war er mit dem Auto zum Frühstück zu den Eltern hinausgefahren: Kaffee und Toast, Butter, frische Eier und Honig auf der Terrasse, die Vater ans Häuschen angebaut hatte; die hübsche Jalousie – ein Geschenk von Karl, und im wärmer werdenden Morgen der beruhigende, stereotype Spruch der Eltern: »Nun hast du's ja fast geschafft; nun hast du's ja bald geschafft.« Die Mutter hatte »bald«, der Vater »fast« gesagt, und immer wieder der wohlige Rückgriff auf die Angst der vergangenen Jahre, die sie einander nicht vorgeworfen, die sie miteinander geteilt hatten: über den Amateurbezirksmeister und Elektriker zum gestern bestandenen Examen, überstandene Angst, die anfing, Veteranenstolz zu werden; und immer wieder wollten sie von ihm wissen, was dies oder jenes auf spanisch hieß: Mohrrübe oder Auto, Himmelskönigin, Biene und Fleiß, Frühstück, Abendbrot und Abendrot, und wie glücklich sie waren, als er auch zum Essen blieb und sie zur Examensfeier am Dienstag in seine Bude einlud: Vater fuhr weg, um zum Nachtisch Eis zu holen, und er nahm auch noch den Kaffee, obwohl er eine Stunde später bei Carolas Eltern wieder würde Kaffee trinken müssen; sogar einen Kirsch nahm er und plauderte mit ihnen über seinen Bruder Karl, die Schwägerin Hilda, Elke und Klaus, die beiden Kinder, von denen sie einmütig glaubten, sie würden verwöhnt – mit all dem Hosen- und Fransen- und Rekorderkram, und immer wieder dazwischen die wohligen Seufzer »Nun hast du's ja bald, nun hast du's ja fast geschafft«. Diese »fast«, diese »bald« hatten ihn unruhig gemacht. Er hatte es geschafft! Blieb nur noch die Unterredung mit Kronsorgeler, der ihm von Anfang an freundlich gesinnt gewesen war. Er hatte doch an der Volkshochschule mit seinen Spanisch-, am spanischen Abendgymnasium mit seinen Deutschkursen Erfolg gehabt.

Später half er dem Vater beim Autowaschen, der Mutter beim Unkrautjäten, und als er sich verabschiedete, holte sie noch Mohrrüben, Blattspinat und einen Beutel Kirschen in Frischhaltepackungen aus ihrem Tiefkühler, packte es ihm in eine Kühltasche und zwang ihn, zu warten, bis sie für Carolas Mutter Tulpen aus dem Garten geholt hatte; inzwischen prüfte der Vater die Bereifung, ließ sich den laufenden Motor vorführen, horchte ihn mißtrauisch ab, trat dann näher ans heruntergekurbelte Fenster und fragte: »Fährst du immer noch so oft nach Heidelberg – und über die Autobahn?« Das sollte so klingen, als gelte die Frage der Leistungsfähigkeit seines alten, ziemlich klapprigen Autos, das zweimal, manchmal dreimal in der Woche diese insgesamt achtzig Kilometer schaffen mußte.

»Heidelberg? Ja, da fahr ich noch zwei-dreimal die Woche hin – es wird noch eine Weile dauern, bis ich mir einen Mercedes leisten kann.«

»Ach, ja, Mercedes«, sagte der Vater, »da ist doch dieser Mensch von der Regierung, Kultur, glaube ich, der hat mir gestern wieder seinen Mercedes zur Inspektion gebracht. Will nur von mir bedient werden. Wie heißt er doch noch?«

»Kronsorgeler?«

»Ja, der. Ein sehr netter Mensch – ich würde ihn sogar ohne Ironie vornehm nennen.«

Dann kam die Mutter mit dem Blumenstrauß und sagte: »Grüß Carola von uns, und die Herrschaften natürlich. Wir sehen uns ja am Dienstag.« Der Vater trat, kurz bevor er startete, noch einmal näher und sagte: »Fahr nicht zu oft nach Heidelberg – mit dieser Karre!«

Carola war noch nicht da, als er zu Schulte-Bebrungs kam. Sie hatte angerufen und ließ ausrichten, daß sie mit ihren Berichten noch nicht fertig war, sich aber beeilen würde; man sollte mit dem Kaffee schon anfangen.

Die Terrasse war größer, die Jalousie, wenn auch verblaßt, großzügiger, eleganter das Ganze, und sogar in der kaum merklichen Verkommenheit der Gartenmöbel, dem Gras, das zwischen den Fugen der roten Fliesen wuchs, war etwas, das ihn ebenso reizte wie manches Gerede bei Studentendemonstrationen; solches und Kleidung, das waren ärgerliche Gegenstände zwischen Carola und ihm, die ihm immer vorwarf, zu korrekt, zu bürgerlich gekleidet zu sein. Er sprach mit Carolas Mutter über Gemüsegärten, mit ihrem Vater über Radsport, fand den Kaffee schlechter als zu Hause und versuchte, seine Nervosität nicht zu Gereiztheit werden zu lassen. Es waren doch wirklich nette, progressive Leute, die ihn völlig vorurteilslos, sogar offiziell, per Verlobungsanzeige akzeptiert hatten; inzwischen mochte er sie regelrecht, auch Carolas Mutter, deren häufiges »entzückend« ihm anfangs auf die Nerven gegangen war.

Schließlich bat ihn Dr. Schulte-Bebrung – ein bißchen verlegen, wie ihm schien – in die Garage und führte ihm sein neu erworbenes Fahrrad vor, mit dem er morgens regelmäßig ein »paar Runden« drehte, um den Park, den Alten Friedhof herum; ein Prachtschlitten von einem Rad; er lobte es begeistert, ganz ohne Neid, bestieg es zu einer Probefahrt rund um den Garten, erklärte Schulte-Bebrung die Beinmuskelarbeit (er erinnerte sich, daß die alten Herren im Verein immer Krämpfe bekommen hatten!), und als er wieder abgestiegen war und das Rad in der Garage an die Wand lehnte, fragte Schulte-Bebrung ihn: »Was denkst du, wie lange würde ich mit diesem Prachtschlitten, wie du ihn nennst, brauchen, um von hier nach – sagen wir Heidelberg zu fahren?« Es klang wie zufällig, harmlos, zumal Schulte-Bebrung fortfuhr: »Ich habe nämlich in Heidelberg studiert, hab auch damals ein Rad gehabt und von dort bis hier habe ich damals – noch bei jugendlichen Kräften – zweieinhalb Stunden gebraucht.« Er lächelte wirklich ohne Hintergedanken, sprach von Ampeln, Stauungen, dem Autoverkehr, den es damals so nicht gegeben habe; mit dem Auto, das habe er schon ausprobiert, brauchte er ins Büro fünfunddreißig, mit dem Rad nur dreißig Minuten. »Und wie lange brauchst du mit dem Auto nach Heidelberg?« »Eine halbe Stunde.«

Daß er das Auto erwähnte, nahm der Nennung Heidelbergs ein bißchen das Zufällige, aber dann kam gerade Carola, und sie war nett wie immer, hübsch wie immer, ein bißchen zerzaust, und man sah ihr an, daß sie tatsächlich todmüde war, und er wußte eben nicht, als er jetzt auf der Bettkante saß, eine zweite Zigarette noch unangezündet in

65

der Hand, er wußte eben nicht, ob seine Nervosität schon Gereiztheit gewesen, von ihm auf sie übergesprungen war, oder ob sie nervös und gereizt war – und es von ihr auf ihn übergesprungen war. Sie küßte ihn natürlich, flüsterte ihm aber zu, daß sie heute nicht mit ihm gehen würde. Dann sprachen sie über Kronsorgeler, der ihn so sehr gelobt hatte, sprachen über Planstellen, die Grenzen des Regierungsbezirks, über Radfahren, Tennis, Spanisch, und ob er eine Eins oder nur eine Zwei bekommen würde. Sie selbst hatte nur eine knappe Drei bekommen. Als er eingeladen wurde, zum Abendessen zu bleiben, schützte er Müdigkeit und Arbeit vor, und niemand hatte ihn besonders gedrängt, doch zu bleiben; rasch wurde es auf der Terrasse wieder kühl; er half, Stühle und Geschirr ins Haus zu tragen, und als Carola ihn zum Auto brachte, hatte sie ihn überraschend heftig geküßt, ihn umarmt, sich an ihn gelehnt und gesagt: »Du weißt, daß ich dich sehr, sehr gern habe, und ich weiß, daß du ein prima Kerl bist, du hast nur einen kleinen Fehler: du fährst zu oft nach Heidelberg.«

Sie war rasch ins Haus gelaufen, hatte gewinkt, gelächelt, Kußhände geworfen, und er konnte noch im Rückspiegel sehen, wie sie immer noch da stand und heftig winkte.

Es konnte doch nicht Eifersucht sein. Sie wußte doch, daß er dort zu Diego und Teresa fuhr, ihnen beim Übersetzen von Anträgen half, beim Ausfüllen von Formularen und Fragebögen; daß er Gesuche aufsetzte, ins Reine tippte; für die Ausländerpolizei, das Sozialamt, die Gewerkschaft, die Universität, das Arbeitsamt; daß es um Schul- und Kindergartenplätze ging, Stipendien, Zuschüsse, Kleider, Erholungsheime; sie wußte doch, was er in Heidelberg machte, war ein paar Mal mitgefahren, hatte eifrig getippt und eine erstaunliche Kenntnis von Amtsdeutsch bewiesen; ein paar Mal hatte sie sogar Teresa mit ins Kino und ins Café genommen und von ihrem Vater Geld für einen Chilenen-Fond bekommen.

Er war statt nach Hause nach Heidelberg gefahren, hatte

Diego und Teresa nicht angetroffen, auch Raoul nicht, Diegos Freund; war auf der Rückfahrt in eine Autoschlange geraten, gegen neun bei seinem Bruder Karl vorbeigefahren, der ihm Bier aus dem Eisschrank holte, während Hilde ihm Spiegeleier briet; sie sahen gemeinsam im Fernsehen eine Reportage über die Tour de Suisse, bei der Eddy Merckx keine gute Figur machte, und als er wegging, hatte Hilde ihm einen Papiersack voll abgelegter Kinderkleider gegeben für »diesen spirrigen netten Chilenen und seine Frau«.

Nun kamen endlich die Nachrichten, die er mit halbem Ohr nur hörte: er dachte an die Mohrrüben, den Spinat und die Kirschen, die er noch ins Tiefkühlfach packen mußte; er zündete die zweite Zigarette doch an: irgendwo – war es Irland? – waren Wahlen gewesen: Erdrutsch; irgendwer – war es wirklich der Bundespräsident? – hatte irgendwas sehr Positives über Krawatten gesagt; irgendeiner ließ irgendwas *schnell* dementieren; die Kurse stiegen; Idi Amin blieb verschwunden.

Er rauchte die zweite Zigarette nicht zu Ende, drückte sie in einen halb leergegessenen Yoghurtbecher aus; er war wirklich todmüde und schlief bald ein, obwohl das Wort Heidelberg in seinem Kopf rumorte.

Er frühstückte frugal: nur Brot und Milch, räumte auf, duschte und zog sich sorgfältig an; als er die Krawatte umband, dachte er an den Bundespräsidenten – oder war's der Bundeskanzler gewesen? Eine Viertelstunde vor der Zeit saß er auf der Bank vor Kronsorgelers Vorzimmer, neben ihm saß ein Dicker, der modisch und salopp gekleidet war; er kannte ihn von den Pädagogikvorlesungen her, seinen Namen wußte er nicht. Der Dicke flüsterte ihm zu: »Ich bin Kommunist, du auch?«

»Nein«, sagte er, »nein, wirklich nicht, nimm's mir nicht übel.« *sehr ironisch*

Der Dicke blieb nicht lange bei Kronsorgeler, machte, als er herauskam, eine Geste, die wohl »aus« bedeuten sollte.

Dann wurde er von der Sekretärin hineingebeten; sie war nett, nicht mehr ganz so jung, hatte ihn immer freundlich behandelt – es überraschte ihn, daß sie ihm einen aufmunternden Stubs gab, er hatte sie für zu spröde für so etwas gehalten. Kronsorgeler empfing ihn freundlich; er war nett, konservativ, aber nett; objektiv; nicht alt, höchstens Anfang vierzig, Radsportanhänger, hatte ihn sehr gefördert, und sie sprachen erst über die Tour de Suisse; ob Merckx geblufft habe, um bei der Tour de France unterschätzt zu werden, oder ob er wirklich abgesunken sei; Kronsorgeler meinte, Merckx habe geblufft; er nicht, er meinte, Merckx sei wohl wirklich fast am Ende, gewisse Erschöpfungsmerkmale könne man nicht bluffen. Dann über die Prüfung; daß sie lange überlegt hätten, ob sie ihm doch eine Eins geben könnten; es sei an der Philosophie gescheitert; aber sonst: die vorzügliche Arbeit an der VHS, am Abendgymnasium; keinerlei Teilnahme an Demonstrationen, nur gäbe es – Kronsorgeler lächelte wirklich liebenswürdig – einen einzigen, einen kleinen Fehler.

»Ja, ich weiß«, sagte er, »ich fahre zu oft nach Heidelberg.«

Kronsorgeler wurde fast rot, jedenfalls war seine Verlegenheit deutlich; er war ein zartfühlender, zurückhaltender Mensch, fast schüchtern, Direktheiten lagen ihm nicht.

»Woher wissen Sie?«

»Ich höre es von allen Seiten. Wohin ich auch komme, mit wem ich auch spreche. Mein Vater, Carola, deren Vater, ich höre nur immer: Heidelberg. Deutlich höre ich's, und ich frage mich: wenn ich die Zeitansage anrufe oder die Bahnhofs-Auskunft, ob ich nicht hören werde: Heidelberg.«

Einen Augenblick sah es so aus, als ob Kronsorgeler aufstehen und ihm beruhigend die Hände auf die Schulter legen würde, erhoben hatte er sie schon, senkte die Hände wieder, legte sie flach auf seinen Schreibtisch und sagte: »Ich kann Ihnen nicht sagen, wie peinlich mir das ist. Ich habe Ihren

Weg, einen schweren Weg mit Sympathie verfolgt – aber es liegt da ein Bericht über diesen Chilenen vor, der nicht sehr günstig ist. Ich darf diesen Bericht nicht ignorieren, ich darf nicht. Ich habe nicht nur Vorschriften, auch Anweisungen, ich habe nicht nur Richtlinien, ich bekomme auch telefonische Ratschläge. Ihr Freund – ich nehme an, er ist Ihr Freund?«

»Ja.«

»Sie haben jetzt einige Wochen lang viel freie Zeit. Was werden Sie tun?«

»Ich werde viel trainieren – wieder radfahren, und ich werde oft nach Heidelberg fahren.«

»Mit dem Rad?«

»Nein, mit dem Auto.«

Kronsorgeler seufzte. Es war offensichtlich, daß er litt, echt litt. Als er ihm die Hand gab, flüsterte er: »Fahren Sie nicht nach Heidelberg, mehr kann ich nicht sagen.« Dann lächelte er und sagte: »Denken Sie an Eddy Merckx.«

Schon als er die Tür hinter sich schloß und durchs Vorzimmer ging, dachte er an Alternativen: Übersetzer, Dolmetscher, Reiseleiter, Spanischkorrespondent bei einer Maklerfirma. Um Profi zu werden, war er zu alt, und Elektriker gab's inzwischen genug. Er hatte vergessen, sich von der Sekretärin zu verabschieden, ging noch einmal zurück und winkte ihr zu.

Als mein Vater so alt wurde, wie ich jetzt werde, kam er mir (natürlich?) älter vor als ich mich fühle. Geburtstage wurden bei uns nicht gefeiert, das galt als »protestantische Unsitte«, so erinnere ich mich keiner Feier, nur einiger Details der Stimmung, die in jenem Oktober 1930 herrschte. (Mein Vater hatte den Geburtsjahrgang 1870 mit Lenin gemeinsam, mehr, glaube ich, nicht.)

Es war ein düsteres Jahr. Totaler finanzieller Zusammenbruch, nicht gerade eine klassische »Pleite«, nur ein »Vergleichsverfahren«, ein Vorgang, den ich nicht durchschaute, es klang jedenfalls vornehmer als »Bankerott«, hing mit dem Zusammenbruch einer Handwerkerbank zusammen, deren Direktor dann auch, wenn ich mich recht entsinne, hinter Gitter kam. Mißbrauchtes Vertrauen, verfallene Bürgschaften, unseriöse Spekulationen. Unser Haus im Grünen mußte verkauft werden, und es blieb kein Pfennig von der Kaufsumme übrig. Wir waren verstört, zogen in eine große, zu große Wohnung am Ubierring in Köln, der damaligen Werkschule gegenüber.

Gerichtsvollzieher, Gerichtsvollzieher, Kuckuck über Kuckuck. Wir rissen sie, solange sie noch frisch waren, ab, mißachteten diese vorläufige Besitzergreifung; später ließen wir sie, gleichgültig geworden, kleben, und es kam vor, daß es an manchen Möbelstücken (etwa am Klavier) regelrechte »Kuckucksnester« gab. Mit den Gerichtsvollziehern kamen wir gut aus. Ironie gab's beiderseits, Grobheiten beiderseits nie.

Ich erinnere mich der prägungspolitischen Kuriosität des Vierpfennigstücks; es hing mit Notverordnung und Tabaksteuer zusammen. Dieses Vierpfennigstück war eine große, hübsch gezeichnete Kupfermünze, aber es mag sein, daß sie erst in den Jahren 31/32 aufkam. Die Nazis marschierten triumphal in den Reichstag. Brüning regierte. Wir lasen die Kölnische Volkszeitung. Meine älteren Geschwister schworen auf die RMV (Rhein-Mainische-Volkszeitung).

Ich nahm Abschied vom Spielen im Freien. Schmerzlich. Draußen im Vorort Raderberg hatten wir Hockey (mit alten Regenschirmkrücken und leeren Milchbüchsen) noch auf der Straße gespielt; Schlagball häufig, Fußball seltener, im Vorgebirgspark. Es wurden auch Rosen im Park geköpft, mit der »Flitsch«, die in anderen deutschen Gefilden, glaube ich, Zwille heißt. Beim Reifenweitwurf schleuderten wir alte Fahrradfelgen einen sanften Wiesenabhang hinunter; wessen Reifen am weitesten rollte, war Sieger; Rekorde wurden aufgestellt; Reifenschlagen um den weitläufigen »Block« herum; es galt als unzünftig, gekaufte Holzreifen zu benutzen. Ping-Pong auf der Terrasse, die Schaukel im Garten; mit dem Luftgewehr Schießübungen auf unbrauchbar gewordene Glühbirnen, die noch Bajonettverschraubungen hatten. Wir fanden an den Schießübungen nichts militärisch, schon gar nichts martialisch. Zehn Jahre lang Freiheit und viele freie Spiele, die ich nicht alle aufzählen kann. (Martinsfakkeln, Papierdrachen bauen und aufsteigen lassen, Klicker.) Im langen Flur der Wohnung am Ubierring setzten wir die Schießübungen fort, jetzt mit vorschriftsmäßigen Zielscheiben und Bolzen, die »Flümmchen« hießen (wie ich im entsprechenden Wörterbuch des alten Wrede feststelle, kommt das von Flaum, der wiederum vom lateinischen pluma abstammt; die Bolzen hatten ein buntes Quästchen). Während der Schießübungen mußte natürlich, wer ins Badezimmer, die Küche, oder in das Schlafzimmer ging, oder drin war, gewarnt werden. Gesamtstimmung: Leichtsinn und Angst. Sie schlossen einander nicht aus. Es wurden (natürlich) nicht alle Einnahmen dem Gerichtsvollzieher offenbart. Es gab Schwarzarbeiten, Einnahmen aus der Vermietung der Maschinen (Lohnschreinerei). Neulich las ich bei Isaac Bashevis Singer (›Feinde, die Geschichte einer Liebe‹): »Wenn man leben wollte, mußte man das Gesetz brechen, weil alle Gesetze einen zum Tode verurteilten.« Wir wollten leben.

Es ging bescheiden zu und doch wurde Bescheidenheit nicht zur Parole. Sorgen und Schulden hatten wir genug. Die Miete, das Essen, die Kleider, Bücher, Heizung, Strom. Dagegen half nur temporäre Sorglosigkeit, die eben nur temporär gelang. Irgendwie mußte ja auch Geld fürs Kino, für Zigaretten, für den unumgänglichen Kaffee aufgetrieben werden, was nicht immer, aber gelegentlich gelang. Die Pfandhäuser wurden entdeckt.

Es war nicht alles so lustig, wie es klingen könnte. Je bescheidener es zuging, desto weniger wurde Bescheidenheit die Parole. Ich erinnere mich dankbar der Loyalität meiner älteren Geschwister, die mir, dem Jüngsten, wohl manches ersparten, hin und wieder etwas zusteckten. Am meisten geängstigt hat mich in dieser Zeit der Husten meines Vaters. Er war ein schlanker Mensch (zwischen seinem 20. und 85. Lebensjahr schwankte sein Körpergewicht nur um ein, zwei Kilogramm, nach dem 85. Lebensjahr erst magerte er ab). Mäßig war er, rauchte aber gern, inhalierte nie, und seine »Lundi«, das waren dünne, scharfe Zigarillos in Blechbüchsen, ließ er sich nicht nehmen (jedenfalls nicht ganz!). Er war traurig in diesen Verhältnissen, auch machtlos gegen die Umstände, und ich denke mir manchmal, daß wir Kinder an seiner Trauer nicht so recht teilgenommen haben.

Sein Husten übertönte sogar die mächtig daherbrausende Straßenbahn Nummer 16, und wir hörten seinen Husten schon von weitem. Aber am meisten beunruhigte mich sein Husten sonntags in der überfüllten Severinskirche. Wir gingen nie »geschlossen« zur Messe, immer einzeln, selten, daß einmal zwei, drei Geschwister in einer Bank saßen, und so warteten wir, jeder an seinem Platz, voll banger Spannung auf den Husten unseres Vaters, der prompt ausbrechen, sich bis zum Fast-Erstickungsanfall steigern, dann, während mein Vater sich aus der Kirche entfernte, abflauen würde. Er stand dann wohl draußen und rauchte gegen den Husten eine »Lundi«.

Jetzt so alt, wie mein Vater damals war, stelle ich fest, daß ich seinen Husten offenbar geerbt habe (nicht nur ich). Es gibt da welche in unserem Haushalt, die, wenn ich auf der mit Autos vollgestopften Straße parke, mich durch den Verkehrslärm hindurch am Husten erkennen; ich brauche nur selten zu klingeln oder den Schlüssel in die Haustür zu stekken; es wird schon aufgedrückt, bevor ich eins von beiden tue.

Mein Husten muß auf Wellenlängen liegen, die nicht nur Verkehrslärm und knirschende Bremsen, auch manches Tatü-ta-ta durchdringen, und doch glaube ich nicht, daß mein Husten »durchdringend« genannt werden kann; er besteht aus Variationen auf verschiedene Formen der Heiserkeit, ist meistens ein Ausdruck der Verlegenheit, nur selten ein Zeichen von Erkältung, und es gibt einige, die wissen, daß er mehr ist als Husten – und weniger.

Eine Enkelin zum Beispiel, die ein Jahr alt ist, empfindet ihn offenbar als eine Form der Sprache oder Ansprache, sie ahmt ihn nach, es kommt zu Hustendialogen zwischen uns, die ironisch-amüsierten Charakter haben, bei denen wir uns offenbar etwas zu sagen haben. Ich denke dabei an Beuys, der einmal eine Ansprache hielt, die nur aus Hüsteln und Räuspern bestand, eine sehr kluge Ansprache übrigens.

Vielleicht sollte man Hüstel-Schulen einrichten, mindestens Hüsteln als Schulfach erwägen; man sollte das Hüsteln von seiner dummen Zeigefingerfunktion – etwa als Warnung vor zu erwartenden Taktlosigkeiten im Gespräch – befreien. Das l'art pour l'art des Hustens und des Hüstelns.

Es wäre auch zu überlegen, ob kluge Köpfe nicht den gehüstelten Leserbrief erfinden sollten.

Genosse Gospodin, nach eingehender Beratung mit jener Instanz, die meinen inneren Schweinehund – nicht immer mit Erfolg, wie ich zugeben muß – kontrolliert; nach intensivem, fast erschöpfendem Lauschen in jenen Innenraum, den ich mein staatsbürgerliches Gewissen nennen möchte, habe ich mich entschlossen, ein Geständnis abzulegen.

Ja. Ich habe versucht, ein Flugzeug zu entführen. Ja. Ich habe mich dabei einer Schußwaffe bedient, und wenn diese auch nur imitiert war – ein wenig Holz, viel schwarze Schuhkrem –, so sollte sie doch der Bedrohung dienen. Glücklicherweise wurde sie mir entwunden, bevor ich von ihr hätte Gebrauch machen können. Ich bitte Sie, Genosse Gospodin, meine Formulierung »hätte Gebrauch machen können« zu beachten, mir diese nicht als formalistisches Spiel anzulasten – wie kann man eine imitierte Waffe, die aus Holz und Schuhwichse besteht, ernsthaft gebrauchen? –, denn diese Formulierung bedeutet ja nicht, daß ich wirklich von ihr Gebrauch gemacht hätte oder auch nur vorhatte, Gebrauch von ihr zu machen; diese Waffe hatte für mich lediglich die Funktion eines Schlüssels, nein, ich will so ein ehrenwertes Instrument wie einen Schlüssel nicht denunzieren: sie hatte für mich die Funktion eines Dietrichs, ich wollte einbrechen mit ihm in die geheiligten Zonen, die nur Ausländern und verdienten Genossen zugänglich sind. Kann man Verwerflicheres tun? Nein.

Meine Antriebskraft bei diesem Versuch, ein Flugzeug zu entführen – und ich mache keinerlei Einschränkungen und bitte um Anwendung eines Gesetzes gegen mich in voller Kraft – war etwas, das man früher einmal Sehnsucht genannt hat, und es war außerdem – damit verdoppelt sich meine Schuld, und so mag mich das Gesetz auch mit doppelter Wucht treffen – die Sehnsucht nach einem nichtsozialistischen Land; und doch muß ich hier gerechterweise meine Schuld einschränken: ich sehnte mich nach diesem Land nicht, weil es, sondern obwohl es nicht sozialistisch ist, und zwischen diesem »nicht, weil« und dem »sondern obwohl« liegt natürlich, wie der Ankläger mit Recht festgestellt hat, eine »ideologische Unsicherheit«, liegt, wie er – ebenfalls mit Recht – festgestellt hat, meine »Verführbarkeit durch kapitalistische Propaganda«. Das trifft zu.

Tatsächlich bin ich auf unzulässige, fast schmierige Weise in den Besitz eines Reiseprospekts der Stadt Kopenhagen gelangt, ich – verzeihen Sie, daß mir hier wegen dieser schmutzigen Handlung die Tränen kommen, und bitte, kreiden Sie mir die Tränen nun nicht als Heuchelei an – habe aus einem Papierkorb in der Gorkistraße, über den ich mich beugte, um meine – übrigens völlig zerlesene – ›Prawda‹ zusammengeknüllt hineinzuwerfen, diesen Prospekt herausgefischt. Nun weiß ich sehr wohl, daß das Wegwerfen der ›Prawda‹ mich schon verdächtig macht – aber ich betone: Sie war zerlesen, sie war ausgelesen, ich könnte Ihnen heute noch den Inhalt des Leitartikels referieren – schlimm aber ist, daß ich, angelockt durch eine unbekleidete Frauenfigur, die ich zwischen Abfall schimmern sah, meine rechte Hand durch den Abfall hindurch nach dem Bild dieser Frauenfigur ausstreckte.

Ich bin verheiratet, Genosse Gospodin, ich habe drei heranwachsende Kinder, ich führe ein konfliktloses Eheleben, und ich möchte nun nicht den Eindruck erwecken, als sei letzten Endes dieses Standbild einer unbekleideten Frau der Anlaß für meinen Flugzeugentführungsversuch gewesen; nein, diese Frau war nur der geschickt ausgelegte kapitalistisch-pornographische Köder; in Wirlichkeit war ich, waren jene düsteren Instinkte, die auch durch meine sozialistische Erziehung nicht ausgelöscht worden sind, enttäuscht von dieser Frau – ich habe mir Offenheit verschrieben, Genosse Gospodin, und will auch in diesem Punkt offen sein.

Schließlich bin ich nicht ungebildet, ich habe einen vorzüglichen Geographieunterricht genossen, ich bin nun einmal ein leidenschaftlicher Betrachter von Landkarten, und da fahre ich also mit dem Finger, bei Leningrad beginnend, über die Ostsee, bis ich die Stadt Kopenhagen erreiche, und da wird, Genosse Gospodin, die Sehnsucht in mir wach: diese wunderbare Stadt hat es mir einfach angetan, und ich schwöre bei allem, was mir heilig zu sein hat: ich wollte *nicht* der pornographischen Kinos und Läden wegen hin, nein; es war die architektonische Schönheit, die mich anzog, die Kanäle, die alten Lagerhäuser, die ich in diesem Prospekt gesehen hatte, nachdem der oberflächliche Reiz der unbekleideten Frauenfigur rasch verblaßt war; und es war nicht nur die Architektur, auch die Philosophie.

Ich bin nur ein einfacher sowjetischer Arbeiter, aber immer und immer wieder hat mich die Philosophie angezogen, ja, sie hat mich fasziniert, und das verdanke ich wiederum meiner ausgezeichneten Schuldbildung. Ich habe einmal in der Bibliothek eines Bekannten meiner verstorbenen Tante eine kleine Schrift dieses Kierkegaard gelesen, der ja ein Zeitgenosse des unvergleichlichen Karl Marx gewesen sein soll, und nun werden Sie mich fragen, werden Sie mir mit Recht vorwerfen, warum sich meine Sehnsucht nicht auf die hübsche alte Stadt Trier gerichtet hat.

Nun, hier muß ich ein weiteres Geständnis ablegen: ich bin jüdischer Nationalität, und bestimmte, oder sollte ich sagen gewisse historische Ereignisse, die das Schicksal des jüdischen Volkes betreffen, verringern meine Sehnsucht, ein von Deutschen bewohntes Land zu besuchen, erheblich, und es bedarf wohl keiner Betonung – das ist für einen Sowjetbürger selbstverständlich –, daß ich die Bewohner der DDR davon ausschließe; nur liegt eben Trier nicht in der DDR, und in Dänemark wohnen keine Deutschen, und außerdem: Trier liegt nicht am Meer, und es hat nicht das Tivoli, es hat nicht diesen wunderbaren Zirkus wie Kopenhagen, und ich wollte ja nicht nach Kopenhagen nur Kierkegaards wegen, auch wegen der Schönheit und Fröhlichkeit dieser Stadt, und wenn ich mich nach dänischen Zirkussen sehne, so bedeutet das nicht, daß ich unsere herrlichen sowjetischen Zirkusse mißachte; wir haben die besten Clowns, wir haben wunderbare Artisten – aber ich wollte einfach einmal einen nichtsowjetischen Zirkus sehen, wollte einmal unter nichtsowjetischen Menschen Urlaub machen.

Ich leugne weder die Schönheiten der Krim noch die des Kaukasus, deren ich teilhaftig geworden bin, ich leugne nicht die Schönheiten der Ostsee bei unseren Brudervölkern, den Letten, Litauern, Esten; all das habe ich gesehen, und es hat meinem Schönheitssinn Tränen der Freude, ja des Entzückens entlockt. Nur: ich wollte einmal nach Dänemark, und alle meine vielen Versuche, auf legale Weise, als sowjetischer Tourist, dieses schöne Land zu sehen, mißglückten, alle Anträge wurden abgelehnt, und so habe ich meine Fähigkeiten als gelernter, ja , als prämierter Feinmechaniker auf sträfliche Weise pervertiert, habe aus einem Kloben Buchenholz – heimlich, während meine Familie schlief, unter der Vorgabe, mich weiterzubilden – eine Pistole naturgetreu nachgeschnitzt und ihr mit unserer unvergleichlich guten schwarzen sowjetischen Schuhwichse metallischen Glanz verliehen, bin unter dem Vorwand einer Besichtigung zum Flugplatz hinausgefahren, habe mir die Abflüge nach Kopenhagen notiert und an jenem Tag gewaltsam versucht, durch die Sperre in eine Linienmaschine des SAS zu gelangen; der Versuch mißglückte dank der Wachsamkeit unserer Miliz, der ich hiermit meinen Dank aussprechen möchte.

Ich schwöre, Genosse Gospodin, ich schwöre beim Leben meiner Frau, meiner Kinder, beim Leben aller mir teuren, aller mit mir befreundeten Genossen: ich wäre zurückgekehrt, ich hätte mich reumütig den Behörden gestellt und wäre nach Verbüßung einer angemessenen Strafe in meinen Beruf als Feinmechaniker zurückgekehrt, hätte den Rest meines Lebens in dieser meiner geliebten Heimat, der Heimat der Werktätigen, verbracht, und es ist mir völlig klar, daß ich nach wenigen Tagen in Kopenhagen der Dekadenz schon überdrüssig gewesen wäre. Schließlich – ich bitte Sie, darin keine ironische Anspielung zu sehen – wie großartig ist unser Geographie-, wie umfassend unser Philosophieunterricht, daß solche Sehnsüchte entstehen können!

Der Ankläger würdigte das Geständnis des Angeklagten nur sachlich, in referierender Form, nahm es sozusagen kurz zur Kenntnis, maß ihm (diesem Geständnis) aber, wie er dann ausführlich erklärte, keinerlei, nicht die allergeringste strafmildernde Bedeutung bei, es sei, sagte er, völlig unerheblich, wenn jemand etwas gestehe, das nachgewiesen sei, protokolliert, vom Angeklagten durch seine Unterschrift bestätigt; schlimm an diesem Geständnis seien die Hinweise auf Selbstverständlichkeiten: die Vorzüge des sowjetischen Geographie- und Philosophieunterrichts; im Lob für diese Selbstverständlichkeiten liege etwas Kriecherisches, Heuchlerisches: in einem ganz besonderen Maße erschwerend für die Beurteilung des Charakters des Angeklagten sei sein Lob für die sowjetische Schuhkrem, von der jedermann, Parteiführung, Staatsführung, und nicht zuletzt das sowjetische Volk wisse, daß sie, wenn nicht gerade schlecht, so doch nicht so gut sei, wie der Angeklagte vorgebracht habe; es lägen Berichte – keineswegs geheime – über diese Schuhkrem vor, die den Angeklagten zum kriecherischen Lügner stempelten, und – hier nahm der Ankläger die Pistolenimitation aus seiner Aktentasche und legte sie vor den Richter hin; es sei durch chemische Analysen bewiesen – er legte das Gutachten neben die Pistole –, daß dieses zur Erpressung bestimmte Machwerk mit Schuhkrem einer amerikanischen Marke behandelt und auf so täuschend ähnlichen metallischen Glanz gebracht worden sei.

Zum weiteren Beweis legte er – wieder ein Griff in die Aktentasche – eine imitierte Pistole vor, die mit sowjetischer Schuhkrem behandelt worden sei, man sehe, das Holz schimmere durch, die Farbe sei nicht metallschwarz, sondern nur gräulich.

Der Angeklagte sei nicht nur durch seine Tat, sei nicht

durch sein überflüssiges Geständnis überführt, sondern durch sein Lob der sowjetischen Schuhkrem, zusätzlich der kosmopolitischen Ironie, des zersetzenden Hohns, und es sollte sich das Gericht nicht durch die reuevollen Worte des Angeklagten betören lassen; er beantrage nicht die Höchst-, aber eine hohe Strafe.

Rendezvous mit Margret oder: Happy-End

Die Hinfahrt war angenehm; der Rhein noch im Frühdunst;
Trauerweiden, Schleppkähne, Sirenen; die Fahrzeit gerade
so lange, wie ich für ein Frühstück brauche; Kaffee und
Brötchen genießbar, die Eier gebraten; kein Gepäck, nur
Zigaretten, Zeitung, Zündhölzer, Rückfahrkarte, Kugel-
schreiber, Brieftasche und Taschentuch, und die Gewißheit,
Margret wiederzusehen; nach so vielen Jahren, nach einigen
mißglückten Rendezvous; nachdem ich sie schon länger als
vierzig Jahre kannte, war ich überrascht und erregt von etwas, das ich noch nicht gekannt hatte: ihrer Handschrift,
kräftig und zierlich zugleich und auf eine überraschende
Weise energisch auf die Todesanzeige geschrieben: »Komm
– ich würd' mich so freuen, dich wiederzusehen.« Das klein-
geschriebene »dich« ließ mich ahnen, daß sie mit dem großen »D« nie zurechtgekommen war; jeder hat ja so seine
Buchstaben, an denen er stolpert.

   Bei der Ankunft war ich das umfangreichste Gepäckstück
los: die Zeitung, ich ließ sie im Speisewagen liegen, und zum
Friedhof kam ich auf meine Weise rechtzeitig: zu spät für
Largo, De profundis und Weihrauch in der Halle, zu spät
auch, als daß ich mich dem Defilee hätte anschließen können. Ich sah noch, wie die Ministranten im Gehen ihre
Chorröcke auszogen, unterm Arm zusammenrollten; der
größere schraubte das Tragkreuz in drei Teile auseinander,
verstaute es in einen offenbar eigens dazu konstruierten Kof-
fer, und als sie in das wartende Taxi stiegen, steckten sie alle
Zigaretten an: Pfarrer, Fahrer und Ministranten; der Fahrer
gab dem Pfarrer, der jüngere Ministrant dem älteren Feuer,
und dann mußte einer einen Witz gemacht haben: ich sah sie
alle lachen, sah den älteren Ministranten husten vor Lachen
und Zigarettenrauch; auch ich mußte lachen, wenn ich an die
Sakristeischränke dachte, in denen sie fünf Minuten später

ihre Klamotten verstauen würden: Eiche, barock, dreihundert Jahre alt, der Stolz der Pfarre St. Franz Xaver, die 1925 in St. Petrus Canisius umgetauft worden war; und nicht ich, der Verstorbene soeben Beerdigte, auf dessen Sarg noch immer Erdklumpen plumpsten, er hatte 45 die rettende Idee von der Tiefe der Schränke gehabt, wo wir hinter der säuberlich gestapelten Altarwäsche und allerlei heiligem Gerät Zigaretten und Kaffee versteckten, die wir den Amerikanern klauten, wenn sie ihre Jeeps unbewacht ließen oder uns gruppenweise zu einer Art Wehrwolf-reeducation einluden; er, nicht ich, hatte in europäisch-korrupter Schläue die naive Scheu der Amerikaner vor kirchlichen Institutionen wohl richtig eingeschätzt, und ich hatte mich jahrelang darüber gewundert, warum er diesen Einfall nie als seinen reklamiert, sondern immer mir zugesprochen hatte; erst später, als ich längst von zu Hause weg war, war mir eingefallen, daß eine solche Anekdote seiner Respektabilität nicht dienlich gewesen wäre, während sie zu mir »paßte«, obwohl ich diese Idee nie wirklich gehabt hatte und nie gehabt hätte.

Ich näherte mich umsichtig dem Zerhoffschen Erbbegräbnis, nicht über die Wege, auf denen ich Herren mit und ohne Zylinder, Damen mit und ohne Persianermantel, Schulkameraden und Ordensrittern, Schulkameraden als Ordensrittern begegnet wäre; ich ging über den mir vertrauten Pfad zwischen den Grabreihen, über unser Familiengrab hinweg, wo die letzte Beerdigung – mein Vater – vor fünf Jahren stattgefunden hatte; man hatte mich wissen lassen, er sei gramgebeugt gestorben, weil keiner seiner beiden Söhne ihm in irgendeines Weibes Schoß männliche Nachkommen erweckt hatte; nun, auch weibliche Nachkommen hatte er keine. Die Grabstätte war in Ordnung, das Abonnement lief weiter; die Kiesel waren wirklich schneeweiß, herzförmig die Rabatten mit Stiefmütterchen, die – es waren neun oder elf – in sich wiederum ein Herz formten. Mutters, Vaters, Josefs Namen auf den pultförmigen Marmorsockeln; bei Josef das unvermeidliche Eiserne Kreuz; die Sockel der lange schon verstorbenen Ahnen efeuüberwachsen, und, alle Sokkel überragend, das schlichte, klassizistische, schon leicht nazarenisch angehauchte Kreuz, mit dem später angebrachten, im Schriftbild wilhelminisch wirkenden Spruchband: DIE LIEBE HÖRET NIMMER AUF. Für mich, den letzten Namensträger, stand auch ein Sockel bereit, der Strich hinter meinem Namen und Geburtsdatum, dieses graphische »bis« hatte etwas Drohendes. Wer würde das (ziemlich teure) Abonnement weiterbezahlen, wenn ich nicht mehr auf dieser Erde weilte? Wohl Margret. Sie war eine gesunde und auch wohlhabende Frau, kinderlos, Teetrinkerin, mäßige Raucherin, und aus der Melodie ihrer Handschrift, besonders aus dem kleinen »d« las ich ihr ein langes Leben heraus.

Ich stand hinter der dichtgewordenen Thujahecke, die das Zerhoffsche Begräbnis von unserem trennt, und jetzt seh' ich sie: sie gefiel mir besser als je zuvor, besser als die Fünfzehnjährige, mit der ich im Gras gelegen hatte, besser als die Zwanzig-, die Dreißig- und die Fünfunddreißigjährige, mit der ich auf peinliche Weise mißglückte Rendezvous gehabt hatte, das letzte vor fünfzehn Jahren in Sinzig, als sie vor dem Hotelzimmer kehrtmachte und weggefahren war; sie hatte mir nicht einmal erlaubt, sie zum Bahnhof zu bringen; sie mußte jetzt an die Fünfzig sein, ihr kräftiges, fast grobes blondes Haar war auf eine hübsche Weise grau geworden, und Schwarz stand ihr.

Als Kinder hatten wir oft an Sommerabenden herfahren müssen, um die Blumen zu gießen: mein Bruder Josef, Margret, ich und ihr Bruder Fränzchen, in dessen Grab die letzten Defilanten soeben ihre Blumen oder ihre Schaufel Erde warfen; das vertraute Poltern von Erde auf Holz, der Aufschlag der Mimosensträußchen, wie wenn ein Vogel sich niedersetzt. Oft hatten wir uns für das Straßenbahngeld Eis gekauft, den langen Heimweg zu Fuß angetreten, in der Sommerhitze unseren Leichtsinn bereut, aber immer hatte Josef zu irgendwelchen »Reserven« gegriffen, die Rückfahrt

geläufig waren, sie, die ihm sagte: »Memento, quia pulvis es et . . .«, aber den Rest sagte sie nicht. Eine Zeitlang waren wir unzertrennlich, kamen uns aber nie mehr nahe, nicht einmal mit einem Kuß, nicht einmal mit einem Händedruck.

Margret wandte sich mir zu, und ihr Frauengesicht wandelte sich in einer Art bitterer Freude zum Gesicht jenes Mädchens, das mit mir in dieser Juninacht Werte mißachtet hatte – oder hatte ich damals die Margret von heute umarmt, hatte ich sie, sie mich jetzt erst eingeholt? Hatte Josefs Fluch uns jetzt erst wirklich vereint; ich dachte an ihn, an seinen Peitschenhieb, der mich aus der Bahn geworfen hatte, und mir fiel hier, jetzt erst, ein, daß er das sogar gewollt hatte: mich aus der Bahn werfen, weg von Goldbrokat, Männerchören, Erbbegräbnissen, wirklichen und potentiellen Ordensrittern; vielleicht war es das einzige, das er in diesem herrlich konventionellen Krieg gelernt hatte, und heute, hier, wo ich Margret gegenüberstand, hatte ich keinen Grund, ihm deswegen zu grollen; ich grollte niemandem, nicht einmal meinem Vater, der später still wurde, fast demütig, und mich immer so erwartungsvoll ansah, wenn Margret aus dem Nachbarhaus herüberkam; wir gingen ins Kino, ins Theater, spazieren, diskutierten – und nicht einmal ein Händedruck gelang uns, kein Wimpernzucken der Erinnerung; ich blieb Ministrant, betrieb es als Job (Trinkgelder und kostenlose Frühstücke); ich ging in den Schwarzhandel, absolvierte die Schule, ging von zu Hause weg, kam über den Schwarz- in den Devotionalienhandel, als ich zu einer Moselwinzererstkommunion einen Leonardo-da-Vinci-Druck gegen Butter besorgen sollte und besorgte; ich hatte genug Liebschaften, wohl auch Margret.

Ich stand nah genug, um von Margrets Mund das Wort »Amsel« abzulesen. Ich nickte, zog mich zurück, machte mich auf den Weg zur »Amsel«, wo seit Urzeiten die Begräbnisfrühstücke stattfinden. Ich brauchte nur zum Ausgang zurück, die Straße überqueren, fünf Minuten durch Douglaskiefern zu gehen. In der »Amsel« waren sie schon eifrig dabei, schlappe Brötchen aufzuschneiden, mit Butter zu beschmieren, mit Wurst und Käse zu belegen und mit Mayonnaise zu dekorieren; ob Tante Marga noch lebte, die immer hartnäckig auf Blutwurst mit Zwiebelringen bestand und mit einer Gier, als wäre sie am Verhungern, wo doch jedermann wußte, daß nicht einmal sie selbst das Ausmaß ihres Vermögens kannte? Die Kaffeemaschine stand unter Dampf, Kognakschwenker wurden auf Tabletts gestellt, geöffnete Flaschen daneben (Margret hatte gewiß energisch auf einem »Flaschenpreis« bestanden), Mineralwasserflaschen wurden geköpft, Blumen in Väschen gestellt. Immer noch die alte, die altmodische Tour. Ich erkannte den Pfarrer, der ohne die Ministranten gekommen war, in einer Ecke saß, mit Feierabendgesicht eine Zigarre rauchte. Er nickte mir zu. Erkannt haben konnte er mich nicht, wir waren uns nie begegnet. Er sah nett aus, ich setzte mich zu ihm und fragte ihn nach dem Spezialkoffer mit dem zusammenlegbaren Kreuz: Wir hatten als Ministranten immer das ganze Kreuz schleppen müssen, und es war immer ein Problem gewesen, es im Auto unterzubringen, ohne daß Scheiben zersplitterten oder Zylinder von Köpfen gestoßen wurden. Und ich wußte noch ein paar ländliche Gemeinden, in denen das alte Tragkreuz noch in Gebrauch war. Er nannte mir die Firma, ich notierte sie auf meiner Rückfahrkarte, dann machten wir uns gemeinsam Gedanken darüber, warum man immer noch an diesen schlappen Brötchen festhielt. Ich sagte ihm, daß wir sie als Kinder schon »Amselpappe mit Mayonnaise« genannt hatten, ob wir nun als Trauernde oder Ministranten oder – was häufig vorkam – als trauernde Ministranten hergekommen waren. Es entspreche nicht mehr dem Stil der Zeit, es hätte »Toast Hawaii« oder so etwas sein müssen, und Sherry, nicht Kognak, und keine Persianermäntel, sondern Nerz, und anstelle des elenden Kaffees – warum mußte er eigentlich immer und überall so elend sein? – hätte man Mokka servieren lassen sollen, der ja manchmal wie ganz guter Kaffee ausfiel.

Ich blickte auf meine Rückfahrkarte, wo ich mir die Züge notiert hatte: 14.22 Uhr, 15.17 Uhr und dann erst 17.03 Uhr, es war gerade elf, und wenn ich Margret mitnehmen, abends nach vierunddreißig Jahren ihr Haar berühren wollte, mußte ich wohl noch eine Weile bleiben und riskieren, unter den Rotweißbeschärpten, vielleicht sogar unter den Ordensrittern, den einen oder anderen Schulkameraden wiederzufinden: Irgendeiner würde mir – auf Griechisch, versteht sich – die Anfangsverse der Odyssee ins Ohr brüllen, um zu beweisen, daß seine humanistische Bildung nicht so ganz spurlos an ihm vorübergegangen war; ein anderer würde mir, obwohl das Abitur mehr als dreißig Jahre zurücklag und wir uns seitdem nicht mehr gesehen hatten, mein Einverständnis voraussetzend, Klagen über die moderne Zeit vorleiern, über seine verwöhnten Kinder, die Sozis, den Sittenverfall im allgemeinen, und wie er sich in seiner Praxis kaputt schuftete, während sein drittes oder viertes Mietshaus wegen der verfluchten Inflation immer teurer wurde; ich war bereit, das hinzunehmen; ich kannte diese Gespräche von Beerdigungen, an denen ich nicht als Leidtragender, sondern von Berufs wegen teilnahm. Schließlich habe ich auch eine Agentur für Grabsteine, und mein Zylinder gilt als Berufskleidung, ist steuerabzugsfähig. Es konnte ja so lange nicht dauern, wir würden, wenn nicht den 14.22er, dann wohl doch den 15.17er noch erwischen.

Ich hatte Glück, es war Bertholdi, der sich neben mich setzte; mir fiel ein, daß ich in acht Schuljahren keine vierzig Worte mit ihm gewechselt hatte; es hatte sich einfach nicht ergeben, und ich hatte Grund, das jetzt zu bedauern; er war sehr nett, hatte nicht diesen säuerlich-bitteren Gesichtsausdruck, der bei erfolgreichen wie erfolglosen Männern bei Beginn ihres letzten Lebensdrittels unvermeidlich zu sein scheint. Bertholdi fragte mich nach meinen Geschäften, und als ich ihm sagte, ich sei schon lange im Devotionalienhandel, meinte er, das müsse doch in der nachkonziliaren Ära schwierig sein; ich bestätigte den Rutsch in die Talsohle, berichtete aber auch von einem gewissen Aufschwung, und als er meinte »Lefebvre?«, nickte ich, schüttelte aber auch den Kopf; seine kluge Gegenfrage war nur teilweise zu bejahen; es gebe ja auch, sagte ich, unabhängig von dem genannten Herren, eine Rückkehr zum Traditionellen, die sich in Zylinder, Schleppen, hochbürgerlichen Kommunions- und Konfirmationsfeiern und Hochzeiten ausdrücke und in ihrem Schleppnetz den Verkauf moderner Devotionalien fördere, etwa handwerklich gut gemachte Ikonenkopien, überhaupt Östliches aller Art.

Ich erzählte ihm, weil er so nett von seiner Frau und seinen Kindern sprach, unaufgefordert, daß ich mit einigen Kollegen dabei sei, einen neuen Absatzmarkt für gute Ikonenreproduktionen zu erschließen: die Sowjetunion, die wir – natürlich illegal – mit ausgezeichneten Reproduktionen versorgten, die dort auf altem, möglichst wurmstichigen Holz aufgezogen, von handwerklich gut ausgebildeten Malern übermalt würden und guten Absatz fanden; manche kamen, da Künstler, Handwerker und Händler natürlich Devisen bevorzugten, auf dem Touristenschwarzmarkt wieder zurück; nicht gerade am Gewinn beteiligt, aber behilflich dabei war eine Organisation, die sich »Bilder für die Ostkirche« nannte; zu viele Sowjetbürger in allen Republiken hatten ihre Familienikonen verscheuert und saßen nun, von der religiösen Welle ergriffen, bilderlos da. Und nervös, weil Margret immer noch nicht Ruhe gefunden und sich gesetzt hatte, erzählte ich Bertholdi auch die branchenklassische Story von dem längst verstorbenen Kollegen, der seinerzeit, auf die religiösen Strömungen während des Ersten Weltkrieges vertrauend, auf ungefähr zehntausend Porträts von Benedikt XV. sitzengeblieben war und weder finanziell noch psychisch die Kraft gefunden hatte, sich in die langen Amtszeiten der beiden Piusse hinüberzuretten. Von Bertholdi gefragt, ob ich jetzt noch viel in Paul VI. investieren würde, sagte ich: »Als Zeitgenosse vielleicht, als Devotionalienhändler nicht«, und ich fügte hinzu, der einzige Papst, der je auch nach seinem Tode noch gegangen wäre, sei Johannes XXIII.

Bertholdi dankte mir für die Einsicht in die »Subtilitäten« meines Geschäfts und revanchierte sich durch Autobiographisches: Er war Oberregierungsrat im Schulwesen, klagte weder über seine Kinder noch über die heutige Jugend, sprach liebevoll von seiner Frau, rechnete mir lachend seine Pension mit allen wahrscheinlichen Progressionen und Abzügen vor; er hoffe, sagte er, hoffe zuversichtlich, vorzeitig pensioniert zu werden, um endlich in Ruhe Proust lesen zu können, auch Henry James. Endlich setzte sich Margret neben mich, winkte die Kellnerin mit einem Kännchen Mokka für mich herbei, legte mir die Hand auf den Arm und sagte: »Ich weiß ja noch, wie du schlechten Kaffee haßt, und« – sie nahm die Hand nicht weg – »eben, als ich dich da stehen sah, fiel mir ein, nach so viel Jahren fiel mir ein, daß er ja gar nicht Gott verflucht hat.«

»Nein«, sagte ich, »nur die Gottverfluchten hat er verflucht. Und dieser Fluch war der Segen, den er uns gab.«

Willi Offermann, der neben dem Pfarrer uns gegenübersaß, versuchte mich zu provozieren, indem er über Jerusalem sprach, das Heilige Grab, und über Leute, die keine Religion hätten und doch gut davon lebten. Sollte er mich meinen oder die Devotionalienhändler in Jerusalem? Habe ich keine Religion und lebe gut davon? Beide Fragen erfüllten mich mit Zweifeln. Leben tat ich ja davon, aber nicht so gut, wie er zu glauben schien, nicht einmal meine Agentur für Grabsteine brachte viel, obwohl ich modernstes Design und gute afrikanische Steine zu bieten habe; und manchmal, wenn ich ein neues Sortiment Rosenkränze prüfte (die kein Geschäft mehr waren, jedenfalls im Augenblick nicht, trotz Lefebvre), hielt ich einen davon fest und betete ihn ganz herunter. Um nicht ständig auf Margret zu blicken, die wieder aufgestanden war, um einen Kellner mit Zwiebelringen und Blutwurstscheiben dorthin zu dirigieren, wo Tante Marga tatsächlich saß, sah ich auf Offermanns Frau, die neben dem Pfarrer saß und Offermann am Pfarrer vorbei zu beruhigen versuchte, als er plötzlich laut wurde und auf das »rote Gesindel« schimpfte, sinnlos, denn er hatte mich seit einunddreißig Jahren nicht gesehen und konnte gar nicht wissen, ob ich rot oder grün war, und außerdem hätte ihm ein Minimum an Logik sagen müssen, daß kein vernünftiger Devotionalienhändler – und ich war einer – je eine andere Partei wählen würde als eine mit C. Das lag doch so nahe, daß er sich seine unqualifizierten Provokationen hätte sparen können; ich tat so, als könne er mich gar nicht meinen, und lächelte seiner Frau zu, die so nett aussah, daß er sie gar nicht verdient haben konnte.

Dann wieder Margret neben mir, die mir Mokka einschenkte und noch wußte, daß ich Schlagsahne dazu nahm; sie hatte ein Tellerchen voll mitgebracht; sie roch nach Seife, Gesichtswasser und Schweiß, ein Geruch, den ich als vertraut wahrnahm – dabei konnte er mir gar nicht vertraut sein. Es war, als hätten wir diese vierunddreißig Jahre zusammengelebt, ihre Jahre wurden zu meinen, gemeinsames Kerbholz der Zeit: einiges versäumt und nichts verpaßt. Ich fand sie viel schöner als in der Juninacht; sie war eigentlich nie eine Schönheit gewesen, wirkte immer wie ein Mädchen, das zu rasch geradelt und in Schweiß geraten ist, und doch hatte sie nie ein Rad bestiegen. Sie wurde, während ich sie ansah, immer jünger, bis ich sie Ball spielen sah auf dem Gehweg zwischen unseren Häusern, erhitzt, eifrig und doch still, und immerhin war sie die erste und einzige Frau, aus deren Mund ich das Wort »Fahnenflucht« gehört hatte. Sie ließ ihre Hand auf meinem Arm liegen, und Offermann wurde noch gereizter, prophezeite Unheil, schien mich, mich persönlich, für die Gleichzeitigkeit von Sitten- und Glaubensverfall verantwortlich zu machen, und nicht einmal, als er von meinem Bruder Josef sprach (»Ja, wenn dein Bruder Josef noch lebte, aber die besten fallen ja immer!«), ließ ich mich provozieren, indem ich etwa sagte: Du bist ja auch nicht gefallen; auch Margret nicht, die blaß wurde und deren Hand auf meinem Arm zitterte. Schließlich griff Offermann den Pfarrer an, den er als zu passiv bezeichnete, und ich war's, ich, der, um ihn zu beruhigen, ihm die Anfangsverse der Odyssee über den Tisch zuflüsterte. Das hatte tatsächlich Wirkung; sein Gesicht entspannte sich, und seine Frau lächelte mir dankbar zu; der Pfarrer war erleichtert; ich hatte vorher auf die Uhr gesehen und festgestellt, daß es gerade erst zwölf war und wir den 14.22er noch erwischen würden, und ich dachte während meiner Homer-Rezitation an den Nachmittagskaffee im Zug, dachte an den überfüllten Speisewagen, der jetzt loreleiwärts fuhr, und daß es wahrscheinlich immer noch nur diesen Baumkuchen gab, an dem man fast erstickte; aber ich war lange nicht mehr nachmittags im Speisewagen gefahren, nur wußte ich noch, daß Margret diesen verfluchten Kuchen mochte. Im Zug nach Sinzig damals hatte sie mir erzählt, er erinnere sie an eine verstorbene Tante, die sie sehr gern gehabt hatte. Ich winkte die Kellnerin herbei und bat sie, mir ein Taxi auf 13.45 Uhr zu bestellen.

Deutsche Utopien I für Helmut Gollwitzer, den Unermüdlichen

1. Günter Grass, der bei Familie Strauß zum Kaffee eingeladen war, gibt dort Rudi Dutschke die Klinke in die Hand. Dame, Herr und Söhne des Hauses rufen Grass nach und Dutschke zu: »Der Sozialismus hat gesiegt.« Dutschke korrigiert: »Nicht *der,* sondern *ein* Sozialismus hat gesiegt.« Umarmungen finden statt, Tränen fließen, Kaffee strömt, Innigkeit breitet sich aus, während Dutschke frisches Hefegebäck, das dem Löffel nicht gehorchen will, kurz entschlossen in die Hand nimmt. Die Söhne des Hauses erkundigen sich nach Hosea Che. Im Nebenzimmer warten schüchtern, fast bang, Tandler, Kiesl und Spranger; sie haben soeben eine Broschüre zusammengestellt, in der Lattmann als Rechtsabweichler entlarvt wird; sie erwarten ein Lob, mindestens eine Anerkennung – und wär's nur ein Schulterklopfen – möchten so gern in die immer herzlicher werdende Runde einbezogen werden. Dutschke, von ihrer Bangigkeit gerührt, läßt sie hereinbitten. Tandler bricht in Tränen aus, bei Kiesl und Spranger reicht's nur zu feuchten Augen.

2. Im Rahmen neuer Antiterroristengesetze wird, um zu verhindern, daß heiße Tips auf kalte Listen geraten, eine Einrichtung geschaffen, die man später das »Lebende Tip Thermometer« nennen wird: allen anonymen Anrufen und Hinweisen werden in Ringschaltung je 10 Psychologen und Accustologen zugeschaltet, die untereinander abstimmen, ob der Tip als heiß oder kalt zu gelten habe. Die Möglichkeit, daß kalte Tips auf heiße Listen geraten, wird wegen »Irrelevanz« nicht in Erwägung gezogen.

3. Selbst zungengewandte Moderatoren, Kommentatoren, Redakteure brauchen einige Zeit, sich an das Wort Heterop-

terokratie zu gewöhnen. Seitdem es das Gesetz zur Aufhebung der Privatsphäre gibt, jeder jeden belauschen kann, sogar soll, hat Langeweile die Bundesbürger ergriffen; selbst das Belauschen der allerintimsten Intimsphäre ruft nur noch Gähnen hervor. Die Bundesbürger gehen dazu über, sich selbst zu belauschen: der Innen-Heteropter wird eingeführt, der im Volksmund zu Seelen-Helikopter dissimiliert wird. Der Lauschangriff auf sich selbst wird Mode. Aber seitdem keiner mehr Geheimnisse hat, nicht einmal mehr vor sich selbst, breitet sich seelische Erstarrung aus, die zu Leistungsabfall führt. Der Slogan »Was die Darmflora für die Verdauung ist, sind die Geheimnisse für die Seele«, eröffnet einen neuen Markt: den Geheimnishandel. Das Geheimnisgeschäft kurbelt vorübergehend die Wirtschaft an, verursacht aber in den Geheimdiensten eine schwere Krise. Es hat nicht nur keiner mehr Geheimnisse, es gibt auch keine mehr. Immerhin vertraut Kardinal Höffner der Dorothee Sölle öffentlich ein Geheimnis an: er war schon immer für den Sozialismus. Dorothee Sölle, längst freie Mitarbeiterin beim ›Rheinischen Merkur‹ – (ein Angebot der ›Kölnischen Rundschau‹ hat sie mit den Worten »Nein, das denn doch nicht!« abgelehnt) – gibt dieses Geheimnis, vom Kardinal gebeten, dort preis. Es gibt noch Katholiken, die sich darüber ärgern.

4. Die Türme des Kölner Doms werden nun doch abgetragen. Beuys – als Bildungsbeauftragter des Landes NRW zuständig – beteiligt daran die Kölner Bevölkerung. Er läßt, von Breughels ›Turmbau zu Babel‹ inspiriert, stabile, spiralenförmige Rampen bauen, auf denen man ungefährdet bis zu den Turmspitzen vordringen, mit je zwei Steinbrocken heruntersteigen kann. Einen Stein darf jeder als Andenken behalten, der zweite dient zum Aufbau eines »freikatholischen Seminars zur Ergänzung der Theologie und Abschaffung der Dogmen«. Es bildet sich ein Verein zum »Wiederaufbau des Domes«. Man wittert Klüngel.

5. Die Sowjetregierung, bisher nur um Geld und Grenzen bemüht, erbittet von der Bundesregierung spirituelle Hilfe. In der Sowjetunion haben sich zwei Parteien gebildet, die man, vereinfachend und verkürzend wie immer, die »Frommen« und die »Unfrommen« nennt. Wortführer der »Frommen« ist ein hoher Parteifunktionär, Wortführer der »Unfrommen« ein Patriarch der orthodoxen Kirche. Natürlich ist weder der Parteifunktionär fromm noch der Patriarch unfromm, es ist auch nicht einfach umgekehrt, es ist, wie immer, viel komplizierter. Die Frommen wollen die Orthodoxie wieder zur Staatsreligion machen, die Unfrommen lehnen das ab. Die westliche Verwirrung angesichts sowjetischer Probleme wird immer größer. Jedenfalls: die Sowjetregierung bittet – da sie weder den Polen noch den Tschechen, noch weniger den DDR-Deutschen (die wieder einmal nicht wissen, was sie von dieser Entwicklung halten sollen!) traut – die Bundesregierung um Rat. Schließlich bittet diese Helmut Gollwitzer, dem der Status eines Sonderbotschafters verliehen wird, der Sowjetregierung beizustehen. Das Resultat wird mit Spannung erwartet. Die deutsche Devotionalienindustrie nimmt schon Investitionskredite auf. Gollwitzer ist in Moskau massiven Erpressungsversuchen westlicher Lobbies ausgesetzt. Er widersteht. Fromm, wie er ist, ist er auf Seite der Unfrommen. Ein ansonsten als pragmatisch geltender deutscher Politiker hat ihm einen geheimen Sonderauftrag erteilt: Fermente, Bazillen, Bakterien »russische Seele« mitzubringen, um die seelenlos gewordene deutsche Szene zu beleben.

Deutsche Utopien II für Grieshaber

1. Coppik wird Bundes-, Horst Mahler Landesinnenminister in Nordrheinwestfalen; Rudi Dutschke wird Mahlers Staatssekretär gegen die Stimme von Altoppositionsführer Rau, dem Dutschke zu konservativ ist. Coppik und Mahler gründen gemeinsam eine Arbeitsgruppe, die als »Entdehnungsgruppe« in die bundesrepublikanische Publizistik eingeht. Manche eilig verabschiedeten Gesetze haben sich als zu dehnbar erwiesen. Eine Art Entdehnungsfieber ergreift die Legislativen: Rentengesetz, der »Gewaltparagraph«, der Ministerpräsidentenbeschluß (vulgo: Radikalenerlaß), alles wird »entdehnt«. In Bayern sind Stimmen laut geworden, die nach marxistisch orientierten Lehrern rufen, in anderen Bundesländern (z. B. Hessen) begehrt man statt christdemokratischer christliche Lehrer(innen). Der »häßliche Deutsche« ist von den internationalen Tableaus verschwunden, die Bundesrepublik gilt als Land des »Aufbruchs«.

2. Die Atomkraftwerke, aller gefährlichen Kerne entkleidet, werden als »Monstren einer irregeleiteten Wachstumsideologie« freigegeben zur Besichtigung, zur Einrichtung von Schulen; die Bevölkerung wird zur Bemalung der Betonklötze aufgefordert. Wirtschafts-, Wissenschafts- und Kultusministerien streiten sich um die Finanzierung des Malmaterials. Es kommt zu einem 40:40:20-Kompromiß zugunsten der Kultusministerien. Die Monstren werden beliebte Ausflugsziele, Imbißstuben und Picknickplätze werden eingerichtet.

3. Nachdem die Gewissensprüfung für Wehrdienstverweigerer eingeführt, abgeschafft, wieder eingeführt, wieder abgeschafft war, wird sie wieder eingeführt, nachdem sich erwiesen hat, daß auch die immer noch vorhandene Arbeits-

losigkeit die Reihen der Bundeswehr nicht mit Freiwilligen füllt, Alt-Wehrexperte Wörner beklagt die »Wehrlosigkeit« der Jugend, korrigiert sich dann und sagt, er habe »Wehrunwilligkeit« gemeint. In Holland wird die Gewissensprüfung für Wehrwillige eingeführt, nachdem ein ehemaliger Wehrdienstverweigerer zum Verteidigungsminister ernannt worden ist.

4. Altoppositionsführer Kohl schreibt einen Schlüsselroman über Politiker. Verfremdungsprobleme machen ihm zu schaffen, Nomenklaturen ihm Kummer. Er läßt sich von einem Schriftsteller beraten, der ihm klarmacht, daß es zu plump ist, aus Barzel Harzel zu machen, aus Kohl Hohl, Wohl, Mohl, Sohl oder Pohl, aus Carstens Martens oder aus Strauß Steppenvogel oder gar Trauß; die Assoziation per Namenähnlichkeit sei belanglos, Charakterisierung das Entscheidende; auch sei Geschlechtsveränderung zu empfehlen; auf diese Weise wird Scheel zu einer Dame, für die der Name van Akshusen gewählt wird; auch Brandt wird zur Lady, Name: Logwiesen. Es wird Proust gelesen; Spaziergänge auf Friedhöfen finden statt, es werden Namen ent- und verworfen; hingegen wird Kohl geraten, Schmidt als Verfremdung für den Namen Schmidt zu wählen (er hatte Schmitz vorgesehen!). Auch Konfessionen werden geändert: Schmidt und Carstens werden zu Katholiken, Strauß zum Protestanten (für den man sich auf den Namen Krusbühl einigt), Wehner wird zum Reformierten (vorgeschlagener Name: Trohspehl). Der Roman soll ein Happy End haben, alle handelnden Personen, wenn auch politisch verfeindet, werden persönliche Freunde und singen gemeinsam in einem Biergarten »Wenn alle untreu werden, so bleiben wir doch treu«.

5. Dregger, immer noch (oder wieder) Oppositionsführer in Hessen, schlägt vor, die Frankfurter Universität Rosa-Luxemburg-Universität zu nennen. Er wirft der SPD, die seinem Antrag die Zustimmung verweigert, Verrat am Marxis-

mus vor. Es kommt zu skandalösen Auseinandersetzungen im Wiesbadener Parlament.

6. Klaus Staeck hat sich ganz und gar vertieft in einen Gegenstand, den Grieshaber ihm nahezubringen vermochte: er beschäftigt sich ausschließlich mit Madonnen, ist fast Madonnologe geworden (manche finden ihn fast madonnoman!). Er tritt in den Franziskanerorden ein, die Kutte steht und paßt ihm überraschend gut; in karger Zelle karg ernährt, widmet er sich ganz der bisher von ihm gänzlich verkannten Dame, deren Darstellungen er in einem soziologisch-historisch-ästhetischen Koordinatensystem zu erfassen versucht. Grieshaber, dem die Kutte nicht stand (er sah zu echt darin aus), überredet ihn zu einer gemeinsamen Pilgerfahrt zur Muttergottes von Cluxambuqua, in der Grieshaber die proletarische Madonna vermutet. In Cluxambuqua geschieht etwas, das Staeck peinlich ist, Grieshaber zu einem triumphierenden Lachen veranlaßt: ein Wunder an Staeck! Er wird, was er trotz Kutte und Madonnen noch nicht war: katholisch, während Grieshaber trotz des Wunders im Protestantismus verharrt. Die schicken gemeinsam ein gleichlautendes Telegramm an Beuys und den Bayernkurier: S. BEKEHRT! ZEUGE: G. Auf der bundesrepublikanischen Szene breitet sich Verwirrung aus.

Aus der »Vorzeit«. Rheinischer Merkur vom 3. 5. 1947

Der Angriff. Rheinischer Merkur vom 13. 9. 1947

Aschermittwoch. Frankfurter Allgemeine Zeitung vom 7. 2. 1951

Wiedersehen mit dem Dorf. Frankfurter Allgemeine Zeitung vom 10. 2. 1951

Besichtigung. Die Welt (Hamburg) vom 13. 9. 1951 (verkürzte Fassung unter dem Titel: ›Im Gewölbe stand der Himmel‹. Erste vollständige Veröffentlichung 15. 10. 1952 in ›Rheinische Post‹

Husten im Konzert. Rheinischer Merkur vom 15. 5. 1952 (unter dem Titel ›Reine Nervensache‹)

Die Decke von damals. Rheinischer Merkur vom 23. 8. 1952 (unter dem Titel: ›Die Decke‹)

Meines Bruders Beine (1953). Erstveröffentlichung nicht ermittelt

Die Kunde von Bethlehem. Michael (Düsseldorf) 1954

Der Geschmack des Brotes (1955). Erstveröffentlichung nicht ermittelt

Bis daß der Tod Euch scheidet. L 76 (Frankfurt/Main – Köln) Heft 2, 1976

Höflichkeit bei verschiedenen unvermeidlichen Gesetzesübertretungen. Südfunk Stuttgart, 6. 1. 1977 (unter dem Titel: ›Die höfliche Bankräuberin‹)

Du fährst zu oft nach Heidelberg. Frankfurter Allgemeine Zeitung vom 17. 9. 1977

Der Husten meines Vaters. Frankfurter Allgemeine Zeitung vom 17. 12. 1977

Geständnis eines Flugzeugentführers. Hessischer Rundfunk, 20. 12. 1977

Rendezvous mit Margret oder: Happy-End. Süddeutsche Zeitung vom 22./23. 7. 1978

Deutsche Utopien I für Helmut Gollwitzer, den Unermüdlichen. In: ›Richte unsere Füße auf den Weg des Friedens‹, Festschrift für Helmut Gollwitzer zum 70. Geburtstag, herausgegeben von Andreas Baudis, Dieter Clausert, Volkhard Schliski und Bernhard Wegener im Christian Kaiser Verlag, München, 29. 12. 1978

Deutsche Utopien II für Grieshaber. In: ›Schnittlinien für HAP Grieshaber‹, Festschrift zum 70. Geburtstag, herausgegeben von Dr. Wolfgang Rothe im Claassen Verlag, Düsseldorf, 15. 2. 1979

Heinrich Böll

»Ohne daß er es wollte, verkörpert er heute die
deutsche Literatur und mehr als die Literatur.«
(Marcel Reich-Ranicki)

Heinrich Böll:
Wo warst du, Adam?
Roman

dtv 856

Heinrich Böll:
Und sagte
kein einziges Wort
Roman

dtv 1518

Heinrich Böll:
Haus ohne Hüter
Roman

dtv 1631

Gruppenbild mit Dame
Roman
dtv 959

Fürsorgliche
Belagerung
Roman
dtv 10001

Heinrich Böll:
Billard um halbzehn
Roman

dtv 991

Heinrich Böll:
Ansichten
eines Clowns
Roman

dtv 400

Heinrich Böll

»Mir scheint, daß seine Sprache, auch seine Erzählweise, die reinste, sauberste und eindrücklichste in der neueren deutschen Literatur ist.«
(Carl Zuckmayer)

Heinrich Böll:
Irisches
Tagebuch

dtv

Heinrich Böll:
Der Zug
war pünktlich
Erzählung

dtv

Heinrich Böll:
Die verlorene Ehre
der Katharina Blum

dtv

Heinrich Böll:
Das Vermächtnis
Roman

dtv

Der Zug war pünktlich
dtv 818

Wanderer,
kommst du nach Spa. . .
dtv 437

Das Brot der frühen
Jahre
dtv 1374

Irisches Tagebuch
dtv 1

Nicht nur zur
Weihnachtszeit
dtv 350

Als der Krieg ausbrach
dtv 339

Ende einer Dienstfahrt
dtv 566

Die verlorene Ehre der
Katharina Blum
dtv 1150 / großdruck 2501

Du fährst zu oft
nach Heidelberg
dtv 1725

Das Vermächtnis
dtv 10326

Heinrich Böll

»Was läßt die Leser zu ihrem Böll greifen?
Vielleicht das völlige Fehlen dessen, was sonst
unser Leben ausmacht: die Herrschaft der
Heuchelei.« (Gerhard Zwerenz)

Heinrich Böll:
Zum Tee
bei Dr. Borsig
Hörspiele

dtv 200

Heinrich Böll:
Hausfriedensbruch
Hörspiel
Aussatz
Schauspiel

dtv 1439

Heinrich Böll:
Ein Tag wie sonst
Hörspiele

dtv 1536

Heinrich Böll/
Klaus Staeck:
Gedichte
Collagen

dtv 1667

Heinrich Böll:
Was soll aus dem
Jungen bloß werden?
Oder:
Irgendwas mit
Büchern

dtv 10169

Das
Heinrich Böll
Lesebuch

dtv 10031